Dieter Buck

Wandern im Rhein-Neckar-Kreis

Die 25 schönsten Touren

Oberrheinebene, Bergstraße,
Odenwald, Neckartal und Kraichgau

verlag regionalkultur

Vorwort

Liebe Mitbürgerinnen und Mitbürger,
liebe Gäste,

als der verlag regionalkultur mit der Idee auf uns zukam, einen Wanderführer für unseren Landkreis zu erstellen, haben wir nicht lange gezögert und diese schöne Gelegenheit genutzt, die Vielfalt unserer Natur- und Kulturlandschaften zu zeigen und Sie neugierig zu machen.

Der landschaftliche Reiz unseres Landkreises besteht in dem Nebeneinander ganz unterschiedlicher Einzellandschaften. Der Rhein-Neckar-Kreis steht zu einem Drittel unter Natur- und Landschaftsschutz. Ausgedehnte Waldgebiete wechseln sich mit Wiesen, Weiden, Weinbergen, Flusslandschaften, Feldern und Streuobstwiesen ab. Vom Mittelgebirge des Odenwalds über das Kraichgauer Hügelland und die Rheinebene ist von Wanderwegen ohne Steigungen bis Wegführungen auf über 560 Meter über dem Meeresspiegel alles dabei.

Im Rhein-Neckar-Kreis liegen Natur und Kultur dicht beieinander. Kulturhistorische Zeugnisse aus der Zeit der Zisterzienser, der Römer, der Kurfürsten, Gaugrafschaften und Ritter schmiegen sich an die Landschaften und »erzählen« ihre Geschichte am Wegesrand.

Diese Vielfalt ist die beste Voraussetzung für abwechslungsreiche Wanderrunden. 25 Wandervorschläge liegen vor Ihnen, bei denen für jedes Alter und für jeden Anspruch etwas dabei ist. Bekanntere und höher frequentierte Ausflugsziele in der Natur sind genauso vertreten wie ruhigere und verträumte Ecken. Überregional bekannte Fernwanderwege, die durch unseren Kreis führen, wie beispielsweise der Neckar- und Burgensteig, der Europäische Fernwanderweg E1 oder der Blütenwanderweg wurden bei der ein oder anderen moderaten Wanderrunde zwischen fünf und fünfzehn Kilometer Länge mit eingebunden.

Jeder Naturraum ist mit seinen Besonderheiten vertreten. Herrliche Ausblicke über Neckar- und Rheinlandschaften, interessante Kleinode am Wegesrand, schöne Plätze zum Innehalten, Durchatmen und Entschleunigen warten darauf, von Ihnen entdeckt zu werden.

Der erfahrene Wanderbuchautor Dieter Buck ist jede der Touren persönlich für Sie gewandert und hat diese beschrieben und fotografiert. Zahlreiche Tipps rund um die An- und Abreise, die Verpflegung und die Orientierung vor Ort machen dieses Buch zu einem hilfreichen Ideengeber und Wegbegleiter.

Schnappen Sie sich Ihre Wanderschuhe und lassen Sie sich überraschen, was unser Landkreis für »Schätzchen« zu bieten hat.

Viel Spaß beim Entdecken!

Herzliche Grüße

Stefan Dallinger
Landrat des Rhein-Neckar-Kreises

> **Information**
> Freizeitportal des Rhein-Neckar-Kreises:
> www.deinefreizeit.com

Naturräume im Rhein-Neckar-Kreis

Wie vielfältig sich die Landschaft des Rhein-Neckar-Kreises zeigt, erschließt sich am ehesten über einen kurzen Blick in die vorherrschenden Naturräume.

Die Oberrheinebene

Die Oberrheinebene zwischen Karlsruhe und Mannheim ist geprägt von ausgedehnten Feldern und Wäldern. Landwirtschaftliche Sonderkulturen wie Spargel und Tabak gedeihen hier prächtig. Vor allem der Spargel sorgt von Mai bis Anfang Juni für außerordentliche Gaumenfreuden. Auf 400 Hektar sprießt das königliche Gemüse – allen voran die Sorte »Schwetzinger Meisterschuss«.

Eine außergewöhnlich hohe biologische Vielfalt und ein Reichtum an Lebensräumen ist in der Oberrheinebene zu finden, die u.a. durch ein Verbundprojekt »Lebensader Oberrhein – Naturvielfalt von nass bis trocken« der beiden NABU-Landesverbände Baden-Württemberg und Rheinland-Pfalz aktiv unterstützt wird. Weitere Informationen hierzu finden Sie unter https://lebensader-oberrhein.de.

Beliebte Ausflugsziele sind in dieser Region die Rheinauen bei Brühl und Ketsch mit ihren verschlungenen Rheinseitenarmen und die zahlreichen Baggerseen.

In der Oberrheinebene lässt es sich mit großem Erholungswert unangestrengt wandern.

Eine anspruchsvolle kulturelle Sehenswürdigkeit ist das Schwetzinger Schloss. Kurfürst Karl Theodor begann 1748 mit dem großzügigen Ausbau und ließ mit der weiträumigen Gartenanlage ein kleines Versailles errichten. Im Rokokotheater finden jedes Jahr im Mai die Schwetzinger Festspiele statt. Es ist eines der wenigen erhaltenen Rokokotheater des 18. Jahrhunderts.

Ein weiteres touristisches »Highlight« stellt Ladenburg dar, das bereits 98 n. Chr. der römische Kaiser Trajan zum Handels- und Verwaltungszentrum Lopodunum machte. Große Teile des Stadtbildes sind noch heute vom Mittelalter, teilweise von der römischen Zeit geprägt.

Über die Touristikgemeinschaft Kurpfalz e.V. unter www.kurpfalz-tourist.de erhalten Sie weitere interessante Informationen.

An den Altrheinarmen gibt es viele idyllische Ecken zu entdecken.

Die Aussicht vom Waldnerturm bei Hemsbach ist atemberaubend.

Die Bergstraße

Berühmt geworden ist die Bergstraße, dieser schmale Landschaftsstreifen an der Nahtstelle zwischen Rheinebene und Odenwald, durch die herrliche Blüte von unzähligen Mandel-, Kirsch- und Pfirsichbäumen.

Naturräume im Rhein-Neckar-Kreis

Viele Wanderwege verbinden die mittelalterlichen Burgen entlang der Bergstraße. Überregional bekannt und beliebt sind der Burgensteig und der Blütenweg.

Die Strahlenburg in Schriesheim mit wunderschöner Freiterrasse und Blick über die steil abfallenden Rebhänge, die Burg Windeck und die Wachenburg als majestätische Wahrzeichen Weinheims – die Bergstraße bietet ein abwechslungsreiches Bild. Weitere Highlights sind der malerische Marktplatz und Schlosspark von Weinheim sowie der einzigartige Exotenwald.

Auffällig im Bild der Bergstraße sind auch die Steinbrüche, besonders die rot leuchtenden Porphyrsteinbrüche am Übergang der Bergstraße zum Vorderen Odenwald. Was wie Wunden in der Natur scheint, hat sich zu Biotopen für seltene und hoch schützenswerte Pflanzen und Tiere entwickelt.

Über den Verein »Tourismus Service Bergstrasse e.V.« erhalten Sie weitere Informationen über das touristische Angebot und die genannten Wanderwege (www.diebergstrasse.de).

Odenwald und Kleiner Odenwald

Das nordöstliche Kreisgebiet prägt der Odenwald mit seinem Mittelgebirgsklima, seiner reinen Waldluft und seinen landschaftlich reizvollen Tälern. Der südlich angrenzende Teil, südlich des Neckartals, wird »Kleiner Odenwald« genannt.

Unsere Kommunen im Odenwald liegen alle im Gebiet des Naturparks Neckartal-Odenwald und in Teilen

Blick vom Teltschikturm über die Rheinebene.

im Geo-Naturpark Bergstraße-Odenwald. Die Naturparks geben gemeinsam Wander- und Radkarten heraus und vertreiben diese (www.naturpark-neckartal-odenwald.de und www.geo-naturpark.net).

Ein weit verzweigtes Wegenetz verbindet die schönsten Landschaften und touristischen Anziehungspunkte miteinander. Viele Wald- und Naturlehrpfade sind hier zu finden. Ein Muss ist das Naturpark-Informationszentrum in Eberbach.

Das bizarre Felsenmeer ist auch mit Kindern ein lohnendes Wanderziel.

Das schmucke Städtchen Schönau mit den Resten eines bedeutenden Zisterzienserklosters und der staatlich anerkannte Luftkurort Wilhelmsfeld, aber auch Heiligkreuzsteinach, Heddesbach und Gaiberg sind beliebte Ziele der Erholungssuchenden. Der Kleine Odenwald ist ein waldreiches Bauernland geblieben. Stille und abgeschiedene Orte wie Schönbrunn bieten ein Bild ländlicher Idylle. In Lobbach-Lobenfeld ist eine romanische Klosterkirche aus der Stauferzeit zu entdecken. Weitere touristische Informationen erhalten Sie über die Touristikgemeinschaft Odenwald (www.tg-odenwald.de).

Das Neckartal

Zu den schönsten deutschen Landschaften zählt das romantische Neckartal. Dicht bewaldete Berghänge stehen eng beisammen, dazwischen präsentieren sich Städte und Städtchen wie einzelne Perlen am Fluss.

Eine Schifffahrt auf dem Neckar kann jede Wanderung wundervoll ergänzen.

Naturräume im Rhein-Neckar-Kreis

Neckargemünd – der besondere Tipp für Sie!
Wandergenuss am Fluss

Tourist-Information Neckargemünd
info@tourismus-neckargemuend.de
Tel.: 06223 - 3553

Foto: Stadt Neckargemünd/Andreas Held

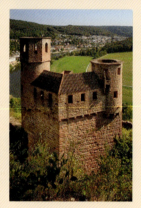

Die Kombination Fluss und Burg ist quasi unschlagbar.

Zu nennen ist hier vor allem die einstige Stauferstadt Eberbach. Sie liegt an der schönsten Stelle im Neckartal. Sehenswert sind der historische Stadtkern mit zahlreichen Fachwerkhäusern, die vier Stadttürme und Reste der alten Stadtmauer.

Neckargemünd mit seinem historischen Stadttor aus dem Jahre 1788, seinen Fachwerkhäusern aus dem 16. Jahrhundert, einer Stadtmauer, Resten der Burg Reichenstein, der historischen Bergfeste Dilsberg mit unterirdischem Stollengang und Burgbrunnen gilt als schöne »Schwester« Heidelbergs.

Die ganze Pracht des Neckartals erschließt sich auch vom Wasser aus. Schiffsfahrten auf dem Neckar erfreuen sich in den wärmeren Monaten großer Beliebtheit und lassen sich sehr schön mit Wanderausflügen kombinieren. Infos und Fahrpläne unter https://weisse-flotte-heidelberg.de und https://eps-kappes.de.

Der Kraichgau
Wälder, Felder, Streuobstwiesen und Wein sowie Burgen und Schlösser prägen den südöstlichen Teil des Rhein-Ne-

ckar-Kreises – den Kraichgau. Die anmutige Hügellandschaft, die oft auch Badische Toskana genannt wird, ist ein Eldorado für Radfahrer und Wanderer.

Die Kraichgauer Adelsfamilien haben den Raum zwischen Oberrhein und Neckar durch ihre Bautätigkeit über Jahrhunderte hin zu einem Burgenland gemacht. Die Zahl seiner Burgen und Schlösser – der noch vorhandenen und längst verschwundenen, der alten Ruinen und repräsentativen Prunkbauten – geht in die Hunderte.

Das KraichgauKorn ist ein Markenname, auch die Kraichgauer Weine stehen für Qualität. Ein Stück Kraichgauer Lebensfreude lernt man am ehesten bei den Hoffesten, kleinen und großen Weinproben, traditionellen Veranstaltungen und nicht zuletzt bei der Einkehr in die sogenannten Besenwirtschaften kennen.

Ein Muss, nicht nur für Kraichgau-Touristen, ist ein Besuch des Technik-Museums in Sinsheim. Schon von der Autobahn sind die dort ausgestellten Überschallflugzeuge Concorde und Tupolew zu sehen. Von weit her und aus allen Himmelsrichtungen sichtbar ist ebenso der »Kompass des Kraichgaus«: Die Burg Steinsberg in Sinsheim-Weiler thront auf dem »Steinesberg«, einem ehemaligen Vulkanhügel.

Weitere touristische Informationen über den Kraichgau erhalten Sie über die Touristikgemeinschaft Kraichgau-Stromberg (www.kraichgau-stromberg.de) und über die Erlebnisregion Sinsheim (www.sinsheimer-erlebnisregion.de).

In den Weinbergen des Kraichgaus.

Einleitendes

Zum Wandern mit diesem Führer

In diesem Buch sind zwar 25 Wanderungen im Rhein-Neckar-Kreis beschrieben, gleichzeitig finden Sie aber auch Erklärungen über die Sehenswürdigkeiten unterwegs – nach dem Motto: »Man sieht nur, was man weiß". Und zu sehen gibt es hier viel. Seien es die Auwälder und Altrheinarme in der Rheinebene, die Weinberge und landwirtschaftlich begünstigten Flächen an der Bergstraße, die dichten Wälder des Odenwalds, die romantischen Landschaften entlang des Neckars oder die an Feldern und Weinbergen reichen Gebiete im Kraichgau. Dazu gibt es überall historische Erinnerungen und Sehenswürdigkeiten oder die Orte mit ihren Besonderheiten. Sehenswürdigkeiten und Erlebniswerte also allenthalben.

Die Zeitangaben der Strecken wurden in der Regel aus Komoot oder Outdooractive entnommen und mit der althergebrachten Formel kontrolliert: Für 4 Kilometer wurde eine Stunde angesetzt und für Anstiege wurden Zuschläge gemacht, wobei von 400 Metern Höhe, die in einer Stunde zu bewältigen sind, ausgegangen wurde. Bei den Angaben zur Länge und Dauer der Strecke und den Höhenunterschieden handelt es sich um ungefähre Zahlen, individuelle Abweichungen sind natürlich möglich. Da jeder sein eigenes Gehtempo hat, sehen Sie bereits nach den ersten Touren, ob Sie die Zeiten über- oder unterschreiten und können sich bei weiteren Wanderungen darauf einstellen. Die genannten Zeiten sind natürlich reine Gehzeiten. Pausen, Besichtigungen, Fotostopps, das Überprüfen des Wegverlaufs auf der Karte oder andere Verzögerungen sind darin nicht enthalten.

Die Wanderungen sind bis auf den Hochwinter fast ganzjährig möglich, allerdings sollte berücksichtigt werden, dass im eher schattigen Wald im Frühjahr der Schnee länger liegen bleibt als im Freien und die Wege deshalb zuweilen auch vereiste, glatte

Kultur, Architektur und Natur – hier im Angelbachtaler Schlossgarten vereint.

Stellen aufweisen können. Man sollte sich daher mit geeigneten Schuhen ausrüsten. Auch Schuhspikes oder Wanderstöcke können sich als sehr nützlich erweisen.

Bei feuchtem Wetter sollte man Routen bevorzugen, die auf festen Wegen verlaufen, denn unbefestigte sind bei Feuchtigkeit schmierig und glitschig und schlecht zu begehen oder gar zu befahren.

Die Wanderungen sind in die Kategorien leicht, mittel und schwierig eingeordnet. Nun gibt es im Rhein-Neckar-Kreis, zumindest in diesem Buch, keine Wanderungen, die man in technischer Hinsicht als schwierig bezeichnen kann. So habe ich die Zuordnung vor allem nach der Länge der Tour bestimmt. Wanderungen in Spaziergangslänge von etwa 4 bis 6 Kilometer wurden als leicht bezeichnet, darüber bis etwa 10 km als mittel und Wanderungen über 10 km als schwierig. Höhenmeter oder schwierige Wege wurden selbstverständlich mit einbezogen. Insofern sind die Übergänge fließend. Jeder weiß selbst, was für ihn und seine Kondition machbar ist und kann sich deshalb ein Bild davon machen, was ihn erwartet.

Auch Schätze der Kultur und Architektur unterwegs sollten gewürdigt werden.

Sicher wandern

Wichtig ist, dass man seine eigene Leistungsfähigkeit kritisch betrachtet: Bewältigt man die Strecke und die Höhenmeter? Schlappmachen unterwegs oder total erschöpft ankommen möchte man ja nicht, das hinterlässt auch keine guten Erinnerungen an die Tour. Auch sollte man berücksichtigen, dass man an heißen Sommertagen schneller an seine Grenzen kommt als an kühleren Tagen. Gerade dann ist es wichtig, immer genügend zu trinken dabei zu haben, und auch bei kürzeren Touren ist ein kleiner Vorrat an Essbarem zu empfehlen. Auf den Karten kann man auch ersehen, ob die Wanderungen eher im schattigen Wald oder durch Freiflächen mit voller Sonneneinstrahlung verlaufen und sich danach richten.

Besser als alleine zu wandern ist es, wenn man mindestens zu zweit unterwegs ist. So kann im Fall des Falles immer einer Hilfe holen. Ein Fuß ist schnell verknackst und dann kommt man oft nicht mehr weiter. Für Alleinwanderer ist es empfehlenswert, irgendwo zu hinterlassen, wo und wie lange Sie unterwegs sein wollen.

Um Hilfe herbeirufen zu können, ist ein Handy nützlich. Das hat heute wohl jeder dabei. Allerdings kann der Emp-

Einleitendes

fang in bestimmten Bereichen, sowohl in den Tälern als auch auf den Höhen, teilweise schlecht sein. Das ist vor allem im Odenwald der Fall. Kann man die Notrufnummer 112 nicht anwählen, sollte man zuerst ein wenig umhergehen; vielleicht ist in kurzer Entfernung doch ein Empfang möglich. Ansonsten sollte man das Handy ausschalten und beim Wiedereinschalten, anstatt sich in sein eigenes Netz einzuwählen, gleich 112 eintippen. Wenn man Glück hat, sucht sich das Gerät das nächste verfügbare Netz.

Die richtige Ausrüstung

Was braucht man zum Wandern? Eigentlich nichts Besonderes. Man zieht sich wandergeeignete Kleidung an: gut waschbar, bequem und je nach Wetter auch wind- und regendicht (oder zumindest -abweisend), aber auch atmungsaktiv. Auch für einen Anorak gilt das. Weniger geeignet sind Jeans als Hosen, wenn es nicht absolut regensicher ist: Sind sie einmal nass, dauert es lange, bis sie wieder trocken sind. Da eignet sich ein Kunststoffgewebe, das schnell trocknet, besser. Da man im Wald auch manchmal auf engen Wegen geht, in die vielleicht dornige und stachelige Zweige ragen, sollte der Stoff fest sein und nicht gleich kaputtgehen, wenn man mal von einer Brombeere »angegriffen« wird. Der Fachhandel hat ein großes Angebot an wandergeeigneter Kleidung auf Lager, sogar nach Geschlechtern getrennt. Dort erhält man auch Beratung.

Gutes Schuhwerk zahlt sich nicht nur im offenen Gelände aus.

Zum Wichtigsten an der Ausrüstung gehören aber die Schuhe. Wer hier sparen will, macht es am falschen Platz. Man sollte sich, optimalerweise im Fachgeschäft mit guter Beratung, geeignete Wanderschuhe aussuchen. Sie sollten wasserdicht sein, sodass man auch einfach mal durch eine Pfütze gehen kann, ohne sie mühselig umgehen zu müssen. Zudem sollten Sie knöchelhohe Schuhe mit guter Sohle wählen, mit der man problemlos über Wurzeln und Steine steigen kann. Am besten macht man dies am Nachmittag oder Abend, wenn die Füße ohnehin etwas dicker sind. Dazu gehören aber auch geeignete Socken. Besser keine aus Wolle oder Baumwolle. Es gibt extra Wandersocken mit ausschließlich oder einem hohen Anteil an Kunstfaser. Dadurch ist gewährleistet, dass die Feuchtigkeit nach außen transportiert wird und der Fuß trocken bleibt. Somit ist die Gefahr der Blasenbildung verringert. Manche schwören auch auf zwei Paar Socken, da dann die Socke nicht an

der Haut, sondern Socke an Socke reibt. Wer dies machen möchte, sollte es allerdings bei der Größe der Schuhe berücksichtigen. Auch hier ist Beratung Gold wert.

Ganz brauchbar sind immer wieder ein Taschenmesser, eine Schnur und eine Tüte (für den Abfall, aber auch zum Sammeln irgendwelcher Fundstücke – vor allem wenn man Kinder dabei hat). Nicht gerne möchte man – sollte man aber – an mögliche Verletzungen denken. Gerade auf Pfaden hat man sich schnell mal den Fuß übertreten. Eine elastische Binde kann hierbei Wunder wirken und zumindest den Weg zurück zum Ausgangspunkt ermöglichen. Einen Schnitt, einen Riss oder eine aufgeschürfte Stelle hat man sich auch schnell zugezogen. Hier sind Pflaster oder ein Verband und ein Desinfektionsmittel im Rucksack hilfreich. Auch gegen Stiche von Insekten gibt es Hilfen: Geräte, mit denen man einen Stachel oder das Gift aus der Stichstelle entfernen kann, sowie Geräte oder Salben, um den Juckreiz zu mildern, erhält man in der Apotheke.

Gibt es unterwegs Gefahren?

Löwen, Tiger und giftige Spinnen treffen wir in unseren Wäldern zwar nicht an, aber es gibt dennoch ein paar Dinge, die in den letzten Jahren an Bedeutung gewonnen haben und über die man sich Gedanken machen sollte.

Waldgebiete sind immer auch Zeckengebiete. Und ein Zeckenbiss kann schwere Komplikationen verursachen, über Hirnhautentzündung bis hin zur Borreliose. Es empfiehlt sich daher dringend, geschlossene Kleidung zu tragen und die Hosenbeine in die Schuhe zu stopfen, um den Beißern die Angriffsflächen nicht gerade auf dem Silbertablett anzubieten. Nach der Tour sollte man sich absuchen, am besten sogar duschen und bei Zeckenbissen in den nächsten Tagen auf Rötungen um die Bissstelle achten. Dann ist ein Arztbesuch angesagt. Gegen Hirnhautentzündung kann man sich impfen lassen – lassen Sie sich dazu von Ihrem Arzt beraten.

Gefahr besteht auch durch den Fuchsbandwurm, einen Parasiten, der auch den Menschen befallen kann. Geschädigt werden vor allem die Leber, manchmal auch Lunge und Gehirn. Dass man befallen ist, wird oft erst so spät bemerkt, dass keine Hilfe mehr möglich ist. Vorsorgen kann man, indem man keine Beeren o.ä. im Wald isst, zumindest keine aus Bodennähe. Auch sein Vesperbrot sollte man

Nicht alles, was unterwegs kreucht und fleucht, will Wanderer anfallen.

Einleitendes

nicht ins Gras legen. Händewaschen, wenn möglich unterwegs, auf jeden Fall aber daheim, ist hier angesagt.

Ursache für eine Erkrankung durch das Hantavirus sind oft Rötelmäuse bzw. deren Ausscheidungen. Sie werden beim Wandern zum Beispiel im trockenen Laub aufgewirbelt und der Erreger wird dann eingeatmet. Besonders hoch ist die Infektionsgefahr von April bis in den Herbst.

Tetanus (Wundstarrkrampf) kann man sich durch eine Verletzung (Stich, Biss, Schnittwunde) und Verunreinigung der Wunde holen. Die meisten Menschen sind wahrscheinlich dagegen geimpft. Eine weitere Gefahr ist eine Blutvergiftung (Sepsis), die man sich ebenfalls durch eine Verletzung zuziehen und die unbehandelt zum Tod führen kann. Lassen Sie sich von Ihrem Arzt beraten.

Ebenfalls eine Gefahr im Wald sind die immer drohenden Waldbrände. Durch die seit Jahren anhaltende Trockenheit sind die Wälder und das Unterholz sehr ausgetrocknet. Ein kleiner Funke kann schon einen Waldbrand auslösen. Daher sind die behördlichen Grillverbote streng zu beachten. Dies dient nicht nur der eigenen Sicherheit, sondern auch den Wäldern und somit der Allgemeinheit. Nicht nur für den Sommer gilt dies, auch in den anderen Jahreszeiten können die Wälder sehr trocken und damit brandgefährdet sein.

Besonders schön: mit Kindern unterwegs

Kinder sind normalerweise begeisterte Wanderer, gibt es hier doch immer viel zu sehen, zu beobachten und zu spielen. Geht man mit Kindern wandern, ist es immer sinnvoll, etwas zum Transport von Fundstücken (Tannenzapfen, Samen, Versteinerungen etc.) dabeizuhaben. Pflanzen mitzunehmen ist zwar auch beliebt, aber wenig sinnvoll, denn bis man daheim ist, sind sie oft vertrocknet. In Naturschutzgebieten ist es sogar verboten – von dort darf überhaupt nichts mitgenommen werden! Schnur, Taschenmesser, Malsachen etc., bei kleineren Kindern auch Spielfiguren, machen eine Wanderung für den Nachwuchs interessant, sodass man zu einer Wiederholung vermutlich keine großen Überredungskünste braucht.

Nicht nur für Familien mit Kindern bieten sich Erlebnis- und Sinnenpfade an.

Orientierung ist wichtig

Die bei den Wanderungen empfohlenen Karten sind teilweise im Buchhandel, teilweise bei den Gemeinden erhältlich. Durch den manchmal komplizierten Wegverlauf bzw. weil nicht immer alle Wege auf den Karten verzeichnet sind, empfiehlt sich die Installation von Apps für Smartphones. Hier sollte man aber darauf achten, dass man sich aus den jeweiligen Stores solche herunterlädt, die kein Internet benötigen – denn das ist vor allem im Wald, insbesondere weit weg von Siedlungen oder in Schluchten, sehr oft nicht vorhanden. Gut geeignet finde ich hierzu die kostenlosen Apps MapsMe und PhoneMaps, die einem recht zuverlässig anzeigen, wo man sich gerade befindet, wenn man mal die Orientierung verloren hat. Auch mit Komoot habe ich gute Erfahrungen gemacht. Wer sich die angebotenen Tracks zu den Wanderungen herunterlädt, hat sowieso keine Probleme mit der Orientierung.

Auch früher gab es schon Wegweiser, die die Richtungen eindeutig angaben.

Anfahrt

Bei jeder Tour ist sowohl der passende Parkplatz aufgeführt, ebenso aber auch, wie man umweltfreundlich mit öffentlichen Verkehrsmitteln, mit Bus und Bahn, zum Ausgangspunkt kommt. Meist verlängert sich die Wanderung durch die Strecke vom Bahnhof oder der Bushaltestelle jedoch ein wenig. Auskunft über die Verbindungen und Fahrpläne erhält man hier: www.efa-bw.de.

Bestimmen von Bäumen, Blumen und Tieren

Nach dem Motto »Man sieht nur, was man weiß« ist es auch ganz nützlich, wenn man das, was man um sich herum sieht, auch erkennen und bestimmen kann: Bäume, Blumen, Tiere. Neben vielen Büchern – fragen Sie hierzu am besten Ihren Buchhändler – gibt es auch hierzu zahlreiche Apps. Zur Bestimmung von Vögeln werden auch Bücher angeboten, bei denen man mittels einer App Vogelstimmen hören kann.

Welcher Baum das wohl ist ...?

Besonderheiten in den Wäldern

Die ganz großen Sensationen der Natur findet man in unseren Wäldern eher selten, dafür aber kleine Kostbarkeiten. Hier eine junge Pflanze, die aus einem abgestorbenen Baum, dem sogenannten Totholz, wächst, da vielleicht sogar die eine oder andere Orchidee. Auch lustig vor sich hinplätschernde und strudelnde Bäche erfreuen den Wanderer, ebenso ein Wasserfall, ein Felsmassiv oder eine wilde Schlucht.

Die Touren

Oberrheinebene

1	**Von Naturschutzgebiet zu Naturschutzgebiet** Von Brühl durch die Schwetzinger Wiesen–Riedwiesen	22
2	**Von der letzten Eiszeit geformt** Um die Oftersheimer Sanddünen	28
3	**Durch die Rheinebene** Zwischen Feldern und Naturschutzgebieten bei Hockenheim	34
4	**In die Rheinauen** Wanderung um Altlußheim	40

Bergstraße/Odenwald

5	**Immer wieder Aussicht** Von Hemsbach durch Wald und Weinberge zum Waldnerturm	48
6	**Geologie mit Auf und Ab** Der Geopark-Pfad bei Weinheim	54
7	**Felsenmeere und ein Aussichtsturm** Der Geopark-Pfad bei Schriesheim	58
8	**Zweiburgentour über der Rheinebene** Über die Strahlenburg zur Schauenburg	62
9	**Unterwegs mit Wein und Kultur** Durch die Weinberge bei Heidelberg	68

Südlicher Odenwald/Kleiner Odenwald

10	**Durch das Eiterbachtal in den Wald** In den Odenwald nach Heiligkreuzsteinach	74
11	**Der Odenwälder Wanderachter** Von Aussichtsturm zu Aussichtsturm	78
12	**Unterhaltsam für Kinder** Von Neckargemünd auf den Sinnenpfad	84
13	**Auf dem Talblickweg** Rund um Allemühl	88
14	**Klosterkirche und Erinnerungen an die Römer** Von Lobenfeld in den Wald	92

Neckartal

15	Panorama vom Itterberg-Rundweg Von Eberbach in die Höhen des Odenwaldes	100
16	Pfad der Flussgeschichte Von Eberbach zur Teufelskanzel	106
17	**Entlang des Neckars zur Ruine Stolzeneck** Waldwanderung um Eberbach	112
18	Burgentrilogie am Neckar Wandern um Neckargemünd	118

Kraichgau

19	Zwischen den Hügeln des Kraichgaus Von Baiertal durch die Felder	126
20	Adelige und jüdische Geschichte Zwischen Neckarbischofsheim und Waibstadt	130
21	Viel Aussicht über die Weinberge Weinwanderweg Mannaberg und Weinpfad Kraichgau	136
22	Durch den schönen Kraichgauwald Von Hoffenheim nach Zuzenhausen auf den Gigglerskopf	142
23	Rund um den Letzenberg Auf dem Weinwanderweg Malsch	146
24	Felder, Schlösser und Aussicht Auf dem Panoramaweg um Angelbachtal	150
25	Mit Auf und Ab durch Feld und Wald Kneipp- und Steinsbergblick-Tour Sinsheim	156
	Bildnachweis	160

blau = leicht, rot = mittelschwer, **schwarz** = schwer

Die **GPX-Dateien** zu den Touren dieses Führers finden Sie auf https://verlag-regionalkultur.de – die Daten sind den jeweiligen Touren zugeordnet.

TOUR 1 — Oberrheinebene

Von Naturschutzgebiet zu Naturschutzgebiet

1

Von Brühl durch die Schwetzinger Wiesen–Riedwiesen

- 2 ¼ Std.
- 9 km
- 20 Hm

Rohrhof/Damm – Seen – Rheinufer – Damm

Wir wandern auf festen Wegen.

Landschaft, Seen

Brühl

Der Leimbach fließt idyllisch durch die Wiesenlandschaft.

Diese Tour ist zwar eine leichte Wanderung, aber trotzdem ein Highlight der Gegend. Völlig ohne Höhenunterschiede wandern wir gemütlich durch die Wiesen, können Seen genießen, sehen vielleicht Vögel und erleben recht wilde Auwälder. Die Wanderung durch das 650 Hektar große Natur- und Landschaftsschutzgebiet Schwetzinger Wiesen-Riedwiesen bringt uns in eine abwechslungsreich strukturierte Landschaft mit Wiesen, Feuchtgebieten und Auenwäldern. In den Mähwiesen, den teils alten Bäumen, Schilfflächen und Hecken finden zahlreiche Tierarten ihren Lebensraum.

Wir gehen von der **Straße** ❶ zum **Damm** und halten uns dort links. Rechts liegen zwei Seen, die aber als Anglerseen nicht zugänglich sind. Wenn wir Glück haben, können wir aber in den Wiesen Kanadagänse, Nilgänse und Graureiher beobachten, die nach Nahrung suchen. Nach dem zweiten, südlichen See biegen wir an dem Querweg links ab ❷. Jetzt haben wir nach rechts bereits einen schönen Blick in ein recht urtümliches Naturschutzgebiet. Vor dem **eingezäunten Grundstück** biegen wir rechts ab.

Nun wandern wir eine Zeitlang immer geradeaus. Links liegen Wiesen und verschiedene Gehölze, rechts das Naturschutzgebiet. Wir müssen kurz vom schmalen Pfad auf dem Damm auf den rechts davon verlaufenden Weg wechseln. Nachdem wir eine **Brücke** überquert haben, gehen wir auf dem Weg links des Damms weiter. Wer aufmerksam in die Wiesen schaut, vielleicht sogar ein Fernglas dabei hat, kann zur entsprechenden Jahreszeit Neuntöter, Feldschwirl und manchmal sogar Wachteln sehen und hören.

Nach einer Linkskurve gehen wir nach rechts über den **Leimbach** ❸, danach folgen wir ihm nach rechts. Bald überqueren wir einen Zufluss, danach knicken Weg und Bach rechts ab. Hier sollte man aber am Knick nach links zum **Volkschen Weiher** ❹ gehen, er bietet recht romantische Bilder. Außerdem kann man, wenn man Glück hat, hier außer Wasservögeln auch die Europäische Sumpfschildkröte beobachten. Am See und um den Bach kann man verschiedene Tierarten wie Teichhühner oder Bisamratten, im Frühjahr auch Singdrossel, Mönchsgrasmücke, Rotkehlchen und Nachtigall, ja Ende April sogar den Pirol sehen, später Sumpfrohrsänger und Teichrohrsänger.

Danach wandern wir weiter entlang des Leimbachs, zu dem hier links liegenden See hat man keinen Zugang. Rechts liegt bald ein altes Wehr. Später führt nach rechts eine gesperrte Brücke über den Bach. Wir biegen aber links ab ❺. Entlang des nicht zugänglichen Sees gehen wir bis zu einer **Straße** ❻. Hinter dieser befindet sich der Ketscher Altrhein.

Alte Grenzsteine sind wertvolle Kulturzeugen. Heute werden sie als Kleindenkmale bezeichnet und geschätzt.

Wir biegen rechts ab. An dieser Straße findet man bis nach der **Kollerfähre** ebenfalls Parkmöglichkeiten. Wir passieren bald die Fähre und kommen danach zum Ende der Straße. Jetzt wandern wir im Natur- und Landschaftsschutzgebiet Schwetzinger Wiesen-Riedwiesen autofrei auf einem Wanderweg neben dem Rhein weiter.

Kurz danach sehen wir rechts einen Stein, in den verschiedene Hochwasserstände zwischen 1872 und 1919 eingeschlagen sind. Danach überqueren wir die Leimbachmündung. Auf unserem Weg entlang des Rheins kann man Kormorane, Lachmöwen und ab und zu auch Mittelmeermöwen beobachten. Bald darauf zieht der Weg vom Rhein weg nach rechts. Nun liegt rechts der südliche der beiden Anglerseen (Anglersee Eppelheim) vom Anfang.

An der **Rechtskurve der Straße** ❼ könnte man die Wanderung abkürzen, indem man der Straße weiter folgt und zwischen den beiden Anglerseen direkt zum Ausgangspunkt zurückkommt. Ansonsten biegen wir mit dem Wanderzeichen blaues R links auf einen Naturweg ab. Er führt uns durch einen prächtigen, wilden Auwald, der mit vielen markanten Bäumen und dem Totholz einen

Schwetzinger Wiesen

In der vom Rhein geprägten Auenlandschaft findet man Altrheinarme, Auwald, Verlandungsstellen, ehemalige und heute mit Wasser gefüllte Tongrubengelände, Röhrichte, Schilfried und weite Pfeifengraswiesen. Auch heute noch kann das Gebiet überschwemmt werden, wenn der Rhein Hochwasser führt. Hier finden sich besonders viele Amphibien, so hat beispielsweise der Laubfrosch hier einen Verbreitungsschwerpunkt in der nördlichen Oberrheinebene. Zahlreich sind auch die Vogelarten. Zum Teil brüten sie hier, ziehen nur durch oder leben den Winter über in dem Gebiet. Als Beispiele seien die in den Hecken brütenden Arten Neuntöter, Dorngrasmücke, Feldschwirl, Wendehals und sogar das seltene Blaukehlchen zu nennen. In den Auwäldern brüten Pirol, Mittelspecht und Schwarzmilan. Im Wasser findet man durchziehende Gäste aus dem Norden. Man hat auch schon mehrere Schellenten, Gänsesäger und Schnatterenten gezählt. Ganzjährig hier lebende Brutvögel sind Zwergtaucher, Kormoran, Haubentaucher und Eisvogel, auf den Wiesen stolzieren Weißstörche, Graureiher und Silberreiher. Zur besseren Beobachtung ist es nicht schlecht, wenn man ein Fernglas dabei hat.

Ehemaliges Wehr am Leimbach.

TOUR 1 Oberrheinebene

INFOS

Rad- und Wanderwegekarte Südliche Kurpfalz (Neckarpfalz), 1 : 20000, Ingenieurbüro Schwegler; Freizeitkarte F513 Mannheim Heidelberg, 1 : 50000, Landesamt für Geoinformation und Landentwicklung Baden-Württemberg (LGL)

www.lebensader-oberrhein.de;
www.kurpfalz-tourist.de;
www.bruehl-baden.de

Bahn bis Hauptbahnhof Mannheim bzw. Bahnhof Mannheim-Rheinau, dann mit dem Bus bis Rohrhof

Brühl-Rohrhof, am Ende der Hofstraße bzw. Hofäcker geradeaus weiterfahren, Parkmöglichkeiten am Straßenrand vor dem Damm, GPS 49.407023, 8.510414.
Einen Ausweichparkplatz findet man vor und nach der Fähre am Rhein.

Idylle am Volkschen Weiher.

urwaldartigen Eindruck erweckt. Nach links führen ein paar Pfadspuren hinaus zum Rhein, rechts im Wald sieht man ab und zu ein Stück Altrhein bzw. alte wassergefüllte Tongruben blitzen. Früh im Frühjahr hört man hier den Mittelspecht, immer Buntspechte, Kleiber, Gartenbaumläufer und Kohlmeisen.

Wenn man aufpasst, sieht man einen kleinen Grenzstein aus rotem Sandstein mit der Jahreszahl 1807, der an einen dicken Baum geschmiegt ist.

An der **Informationstafel »Auwald im Naturschutzgebiet Backofen-Riedwiesen«** ❽ biegen wir rechts ab auf einen breiteren Weg und wandern zwischen der links liegenden Wiese und dem rechts liegenden See bis zu einem querenden Weg. Hier gehen wir auf dem linken Weg weiter.

Nach Gehölz und vor dem Gewerbegebiet steht die **Informationstafel »Lehmgrube«**. Hier biegen wir rechts ab. Kurz darauf treffen wir auf die Tafel »Wiese als Lebensraum« ❾. Hier halten wir uns rechts und gehen über die Wiese zu einem Damm. Nach ihm wandern wir auf dem Feldweg zu einem querenden Sträßchen. Es führt nach rechts zum Damm, wo wir gestartet sind.

TOUR 2 — Oberrheinebene

Von der letzten Eiszeit geformt

Um die Oftersheimer Sanddünen

2 ½ Std.

9,9 km

60 Hm

Oftersheim/Grillhütte – entlang der Sanddüne – über die Autobahn – Naturschutzgebiet »Sandhausener Düne, Pflege Schönau-Galgenbuckel« – Postweg durch den Wald – Golfplatz – Kleintierzüchteranlage – Grillhütte

Wir wandern auf festen Wegen, zum Teil auch auf Naturwegen.

Wald, Sanddünen

Vereinsheim der Kleintierzüchter

Eine Wanderung durch den Wald ist bei jedem Wetter erlebnisreich.

Diese Wanderung führt uns zurück zum Ende der letzten Eiszeit vor etwa 10 000 Jahren. Damals ist die Landschaft, durch die wir wandern, entstanden. Wir gehen bei dieser Tour also zurück in die Urzeiten der Erdgeschichte. Start ist am Fuß der höchsten Düne Baden-Württembergs. Danach wandern wir zuerst entlang dieser Düne, die recht gut als Wall zu erkennen ist. Später kommen wir zu einer Binnendüne, die als flache Lichtung im Wald liegt und die typische karge Vegetation einer Düne zeigt. Zwischen diesen Natursehenswürdigkeiten führt uns der Weg durch einen abwechslungsreichen, naturnahen Wald, in dem die Wege sandig und so weich sind, dass es eine Freude ist, auf ihnen zu gehen. Die vielen Tafeln, die uns darauf hinweisen, dass wir uns in einem Naturschutzgebiet oder Landschaftsschutzgebiet befinden, zeigen uns, wie ökologisch wertvoll diese Landschaft hier ist.

Wir starten an der **Grillhütte** ❶ bei Oftersheim. Oberhalb der Hütte befindet sich die mit 21 Metern höchste Düne Baden-Württembergs, der sog. Feldherrenhügel. Zuerst folgen wir dem Zufahrtsweg zur Grillhütte weiter. Es geht

Von der letzten Eiszeit geformt

in den **Wald**, dann vorbei an **Kleingärten** ❷. Nachdem wir den Wald verlassen haben, passieren wir die Aussiedlerhöfe Im Oberen Feld. Rechts hinter den Gebäuden sehen wir eine weitere Düne. Unser Weg führt uns zwischen den Feldern zum nächsten Hof, dem **Bachmayer-Hof** ❸. Dort zieht der Weg nach rechts und wir kommen direkt an die Düne.

Sanddünen

Zwischen Iffezheim und Mainz findet man über eine Länge von 130 Kilometern zahlreiche Sanddünen. Sie entstanden, weil der Rhein Schotter aus den Alpen mit sich führte und auf seiner Strecke beidseitig des Flusses ablagerte. Zwischen dem Geröll befand sich feiner Sand, der dann vom Wind verweht wurde und sich als Flugsandfelder, Sandrasen, Binnendünen und in Dünenwäldern sammelte. Auf diesen Flächen wuchs dann eine typische Sandrasenvegetation. Der Mensch nutzte diese Flächen zum Beispiel für Spargel-, Erdbeer- oder Tabakanbau. Hier soll der erste Tabak in der Kurpfalz angebaut worden sein, und Oftersheim ist eine der ältesten Gemeinden mit Tabakanbau in Deutschland.

Die Binnendünen stellen hohe Ansprüche an die Vegetation, kann sich der Sand doch wie in der Wüste auf bis zu 70 °C aufheizen. In der Nacht kühlt die Fläche dann wieder ab. Es fehlt oft an Beschattung, weil hier keine großen Pflanzen wachsen und der Boden aufgrund fehlender Ton-

minerale extrem nährstoffarm ist. Die Pflanzen haben sich aber den Bedingungen angepasst, zum Beispiel besitzen sie wie alpine Pflanzen eine filzige Behaarung zum Schutz vor Sonne und Austrocknung und ein großes Wurzelwerk, um möglichst viel Wasser sammeln zu können. Solche Pflanzen sind zum Beispiel Silbergras, Sand-Thymian, Steppen-Wolfsmilch, Sandstrohblume und als Rarität die in ganz Europa geschützte Sandsilberscharte. Es leben auch zahlreiche Vogelarten hier: So finden sich in den Sanddünen Heidelerchen, Neuntöter, Dorngrasmücken, Schwarzkehlchen und Ziegenmelker. Durchziehende und hier rastende Vogelarten sind beispielsweise Steinschmätzer, Braunkehlchen, Wiesenpieper und Schafstelze. Weitere bedeutende Vertreter der Tierwelt sind Wildbienen, Wespen und Hummeln; rund 100 Arten kommen in den Sanddünen vor, darunter auch die seltene Spargelbiene, die nur die Pollen des wilden Spargels sammelt. Selten sind auch die Hosenbiene, die Efeu-Seidenbiene, der zu den Mistkäfern gehörende Stierkäfer, der Bienenwolf, eine Grabwespenart, der Ameisenlöwe, der Sandlaufkäfer oder die Blauflügelige Ödlandschrecke. Man findet in diesen trockenen Flächen sogar eine Schneckenart, die Heideschnecke.

Alternativ kann man aber auch direkt an ihrem Fuß wandern. Dazu biegt man an den Aussiedlerhöfen nach dem Wald rechts ab und geht durch die Wirtschaftsgebäude hindurch zur Düne. Hier folgt man etwa 1,7 km einem Fußpfad, bis man auf den asphaltierten Wirtschaftsweg trifft. Ab jetzt sind beide Varianten wieder gleich.

Wir wandern nun am links liegenden **Solarpark Feilheck** ❹ vorbei. Der Weg knickt etwas nach links ab und bringt uns vor die **Autobahn** ❺. Hier halten wir uns links, etwas später unterqueren wir sie.

Danach biegen wir rechts ab und kommen nach einem rechts liegenden **Parkplatz** in den Wald. Nach einem alten Sandsteinwegweiser folgen wir dem links abgehenden unbefestigten Pfad ❻. Etwas später sehen wir links ein eingezäuntes, unbewaldetes Grundstück. Hier biegen wir links ab ❼ und queren diese Lichtung, die sich als Binnendüne entpuppt. Sie ist als Naturschutzgebiet »Sandhausener Düne, Pflege Schönau-Galgenbuckel« geschützt. Nach ihr führt der Weg zwischen den Zäunen

Saupferchbuckel mit Wolfsmilchbewuchs.

TOUR 2 — Oberrheinebene

INFOS

Rad- und Wanderwegekarte Südliche Kurpfalz (Neckarpfalz), 1 : 20 000, Ingenieurbüro Schwegler; Freizeitkarte F513 Mannheim Heidelberg, 1 : 50 000, Landesamt für Geoinformation und Landentwicklung Baden-Württemberg (LGL)

www.lebensader-oberrhein.de;
www.kurpfalz-tourist.de;
www.oftersheim.de

Bahn von Mannheim oder Karlsruhe Hbf aus

Oftersheim, Grillhütte, erreichbar vom Ort in Verlängerung der Sandhäuser Straße, nach deren Abzweig nach rechts geradeaus weiterfahren, dann der Beschilderung folgend rechts halten, GPS 49.360919, 8.600414

nach rechts ⑧. Unterwegs kommen wir an zwei Informationstafeln vorbei.

Am Ende der eingezäunten Fläche biegen wir rechts ab und gehen an ihr entlang etwas bergauf. Danach wandern wir, vorbei an vielen Trimm-Dich-Einrichtungen, geradeaus weiter, überqueren einen asphaltierten Weg und kommen schließlich zu einem querenden Schotterweg, an dem es nicht mehr geradeaus weitergeht und wir rechts einen **Sendemast** sehen. Hier halten wir uns links.

An der nächsten Kreuzung biegen wir rechts ab ⑨ und unterqueren wieder die **Autobahn**. Nun wandern wir eine ganze Weile auf dem Postweg geradeaus. Rechts liegt bald der Golfplatz. Nach einiger Zeit queren wir ein Sträßchen zum **Gänslochpavillon** ⑩. Etwas weiter rechts steht das Kulturdenkmal Herzogskreuz. Wir gehen aber geradeaus weiter; nun ist das Golfgelände von einem hohen Zaun umgeben. Danach kommen wir wieder in den Wald.

Dort gehen wir weiter geradeaus bis zu einer Verzweigung vor einer knorrigen **Eiche** ⑪. Hier bieten sich uns zwei Möglichkeiten für den restlichen Weg zurück zum Ausgangspunkt. Entweder nehmen wir den rechten Sandhäuser Weg. Auf ihm wandern wir, bis wir nach dem Gelände der Kleintierzüchter den Wald verlassen ⑫ und auf eine Straße treffen. Mit schönem Blick nach links zum Odenwald folgen wir ihr nach rechts zurück zu unserem Ausgangspunkt an der **Grillhütte**.

Alternativ gehen wir geradeaus weiter bis kurz vor die Tennisanlage. Dort biegen wir

rechts ab und wandern auf einem schmalen Pfad am Waldrand entlang nach Norden. Der Waldrand mit den beeindruckenden alten Eichen ist Teil des Naturschutzgebietes Dreichenbuckel. Von hier aus hat man einen schönen Blick auf die wellige Dünenlandschaft und das Naturschutzgebiet Friedenshöhe. Wo der Weg vor der Anlage des Hundesportvereins scharf nach links abknickt, halten wir uns rechts und erreichen bald die Kleintierzüchteranlage. Hier treffen wir auch auf die oben genannte Variante des Weges.

Anstatt wie oben beschrieben auf dem Zufahrtsweg zurückzugehen, kann man sich auch rechts halten und gegenüber dem Kleintierzüchtergelände nach links in den Wald hineingehen. Nun wandert man oberhalb des Dünenzugs bis zur unterhalb liegenden Grillhütte. Vorher sollten wir aber noch den Blick genießen: Man sieht über die Rheinebene auf den Odenwald und die Bergstraße, zur Stadt Heidelberg und zum Austritt des Neckars aus dem Odenwald.

Große Teile dieser Wanderung verlaufen im Wald.

TOUR 3 Oberrheinebene

Durch die Rheinebene 3

Zwischen Feldern und Naturschutzgebieten bei Hockenheim

- 2 ¾ Std.
- 11 km
- 30 Hm

Hockenheim – Insultheimer Hof – Altlußheim – Neulußheim – Hockenheim

Die Wanderung verläuft ohne Höhenunterschiede auf asphaltierten Wegen.

Naturschutzgebiet nach Hockenheim, Blick zum Sitzsee

Hockenheim

Den Vorteil von Wanderungen in der Rheinebene erkennt man bereits am Namen: Ebene – das bedeutet, dass man ohne Höhenunterschiede wandert. Die Touren gehen gemütlich dahin, und es gibt keine besonders anstrengenden oder schwierigen Passagen. So auch bei dieser Tour. Wir wandern durch die Felder und Wälder der Rheinebene, kommen dafür durch einige Naturschutzgebiete, die uns prächtige Natureindrücke bieten, und haben oft einen weiten Blick über das Land.

Diese Tour ist vom **Parkplatz D** in der Kaiserstraße in Hockenheim beschrieben. Das hat den Vorteil, dass man nach der Wanderung den Tag im Park der ehemaligen Landesgartenschau gemütlich ausklingen lassen kann – und dass es hier für mitwandernde Kinder einen schönen Spielplatz gibt. Beides findet man auf dem Parkplatz auf der Nordseite der Kaiserstraße.

Von dort folgen wir der Kaiserstraße nach Westen, bis sie auf die Eisenbahnstraße trifft. Dahinter gehen wir zum **Bahnhof** ❷, an dem diejenigen Wanderer beginnen, die mit öffentlichen Verkehrsmitteln anreisen. Wir gehen vor

Blick zum idyllischen Sitzsee.

dem Bahnhof nach links, auf der rechten Seite durch den anschließenden **Parkplatz** hindurch und kommen zu einer **Treppe** ❸. Auf ihr steigen wir hinauf zu einer **Brücke**, auf der wir nach rechts die Bahngleise überqueren. Dahinter gehen wir geradeaus weiter.

Schließlich stoßen wir vor dem Schild Naturschutzgebiet und einem Graben auf eine **querende Straße** ❹. Ihr folgen wir mit dem Wanderzeichen rotes Kreuz nach links. Wir passieren das **Gelände der Kleintierzüchter** und biegen nach der **Kleintierzüchterhalle** rechts ab ❺. Nun wandern wir durch Felder zu einem als Naturschutzgebiet geschützten Bruchwald. Ihn durchqueren wir. Danach geht es, entlang einer schönen Allee von Obstbäumen und mit weitem Blick – geradeaus zum Beispiel schon auf den Insultheimer Hof und die Berge des Pfälzer Waldes im Hintergrund – bis zum **Insultheimer Hof** ❻. In der Ansiedlung gehen wir geradeaus bis zu dem **wappengeschmückten Rundbogentor** und vor das querstehende Gebäude. Dort biegen wir links ab.

Insultheimer Hof

Der Insultheimer Hof geht auf den Weiler Ansilisheim zurück, der ab dem 6. Jahrhundert auf einer Kiesbank entstand. Durch die Hochwasser des Rheins lag er teilweise links, dann wieder rechts des Flusses. Nach dem Dreißigjährigen Krieg war er verlassen. Vom seinerzeitigen Eigentümer, dem Bistum Speyer, wurde er schließlich verpachtet. Sogar eine Gemeinde entstand auf dem Hofgut; sie erhielt eine mit 1738 datierte Kapelle und es wurde eine Mauer erbaut. Der wappengeschmückte Torbogen stammt aus dem 18. Jahrhundert und ist noch heute zu bewundern. Durch die Säkularisierung gelangte der Hof 1806 als Landesdomäne zum Großherzogtum Baden.

TOUR 3

Oberrheinebene

Wir verlassen die Ansiedlung und wandern durch die Felder bis zu einer **Baumreihe**, die den Sitzgraben umgibt. Nach ihr haben wir nach rechts einen schönen Blick zum unter Naturschutz stehenden Sitzsee. Danach unterqueren wir die B 39 und kommen vor die Häuser von **Altlußheim**. Dort biegen wir links ab in die Hockenheimer Straße. Kurz danach liegt links die **Rheinfrankenhalle** ❼. Gleich nach ihr und vor dem runden Pavillon biegen wir links ab. Wir gehen noch an ein paar Häusern vorbei, danach kommen wir wieder in die Felder.

Wir wandern geradeaus weiter bis vor **Neulußheim**. Nach dem links liegenden **Tennisplatz** ❽ biegen wir links ab und gehen bis zu einem eingezäunten **Grundstück** ❾ vor der B 39. Dort biegen wir rechts ab.

Vor der nächsten Straße halten wir uns links ❿. Nach dem Gewerbegrundstück unterqueren wir die **B 39**, wandern vorerst an Gewerbeanwesen vorbei und stoßen bald auf die Straße. Danach führt uns der Weg entlang von **Kleingärten**. Wo links die Stromleitung an einem letzten Mast endet, haben wir zwei Möglichkeiten: Wir biegen links ab, halten uns danach rechts und kommen zu dem vom Anfang bekannten Sträßchen. Ihm folgen wir nach rechts. Wir können

Zwischen Spargelfeldern und „Hockenheimer Rheinbogen"

Hockenheim – RINGSum ein Erlebnis

Rennsport-Metropole trifft kurpfälzische Gemütlichkeit

Bekannt geworden durch seine legendäre Rennstrecke, dem Hockenheimring, hat sich der Kern der Stadt ein Stück kurpfälzische Gemütlichkeit bewahrt.

Spargelfelder, Naturschutz- und Waldgebiete rund um Hockenheim bieten viel Abwechslungsreiches mit Erlebnisfaktor.

Hockenheim freut sich auf Ihren Besuch!

www.hockenheim.de

Große Kreisstadt HOCKENHEIM

Durch die Rheinebene

Wie so viele Brücken wird auch diese in Hockenheim durch eine Skulptur des Brückenheiligen St. Nepomuk beschützt.

| TOUR 3 | Oberrheinebene |

INFOS

Rad- und Wanderwegekarte Südliche Kurpfalz (Neckarpfalz), 1 : 20 000, Ingenieurbüro Schwegler; Freizeitkarte F513 Mannheim Heidelberg, 1 : 50 000, Landesamt für Geoinformation und Landentwicklung Baden-Württemberg (LGL)

www.kurpfalz-tourist.de;
www.hockenheim.de

Bahn von Mannheim oder Karlsruhe Hbf aus

Hockenheim, Bahnhof, Eisenbahnstraße,
GPS 49.320187, 8.543880

Wasserturm

Der unter Denkmalschutz stehende Wasserturm gilt als das Wahrzeichen Hockenheims. Er wurde im Jugendstil erbaut.

Der aus dem Jugendstil stammende Wasserturm in Hockenheim ist ein beeindruckendes Bauwerk.

aber auch geradeaus zur **Brücke** gehen, links die Treppe hinauf zum Sträßchen steigen und uns dort rechts halten. Jetzt sind beide Varianten wieder gleich.

Wir gehen nach der Brücke hinab zum **Bahnhofsparkplatz**. Wenn wir geradeaus weitergehen, kommen wir zum **Bahnhof**. Wer zum Parkplatz D muss, biegt hier in die rechts abgehende Kaiserstraße ab. Schöner ist es jedoch, wenn wir auf dem Parkplatz nach rechts zur Eisenbahn-

Durch die Rheinebene

Im ehemaligen Gartenschaugelände findet man eine abwechslungsreiche Natur.

straße gehen. Ihr folgen wir kurz nach rechts, dann biegen wir links ab in die Karlsruher Straße. Kurz darauf sehen wir rechts den **Wasserturm** 14.

Wir folgen der Karlsruher Straße, wobei wir nun einige aus dem Jugendstil stammende Häuser sehen. Schließlich überqueren wir den **Kraichbach**. Seine Brücke ist von einer St. Nepomuk-Skulptur und einem Brunnen flankiert. Wir biegen links ab und wandern entlang des Baches zur Kaiserstraße, rechts liegt unser Ausgangspunkt **Parkplatz D**. Jetzt kann man sich im ehemaligen Gartenschaupark umsehen oder einfach nur in herrlicher Natur relaxen. Für Kinder gibt es hinter dem Parkplatz auf der Nordseite einen schönen Spielplatz.

TOUR 4 — Oberrheinebene

In die Rheinauen
Wanderung um Altlußheim

4

 3 ½ Std.
 13,8 km
 30 Hm

Altlußheim –
Blausee – Seen –
Modellfliegerplatz –
Deich – Rhein –
Altlußheim

Die Wanderung verläuft fast vollständig auf festen Wegen.

Auwiesen, Auwälder, Altrheinarme, Rhein

Altlußheim, Rheinhausen

Die Wanderung verläuft auf bequemen Wegen zwischen Feldern und Waldstücken.

Dass Altrheinarme eine wunderschöne, wilde, ja fast urwaldartige Natur bieten, ist allgemein bekannt. Genau diese erleben wir bei dieser Wanderung. Zudem wandern wir an einem idyllischen See entlang und immer wieder durch Auwiesen und Au- und Bruchwald, die ebenfalls eine sehenswerte Natur aufweisen.

Wir folgen am **Friedhof in Altlußheim** ❶, den Friedhof im Rücken, der Friedensstraße nach links. Nach **Haus Nr. 20** zweigen wir auf das rechts abgehende Sträßchen ab. Der Weg zieht kurz danach nach rechts und wir überqueren einen Damm. Der Straße Untere Allmend folgen wir jetzt in Richtung Oberhausen. Nun kommen wir zwar an einigen Seen vorbei, wie wir aus der Karte entnehmen können, man sieht sie aber nicht, weil sie hinter dicken Hecken versteckt sind.

Nach einem eingezäunten **Grundstück mit Holzhäusern** halten wir uns an der Querstraße links ❷. Wo an einem Metalltor eines Grundstücks die Straße Oberer Bärlach rechts abgeht, wandern wir nach links weiter. Danach hal-

In die Rheinauen

ten wir uns rechts, dann wieder links in den **Haustückerweg** ❸. Kurz darauf liegt links hinter der eingezäunten Hecke der beliebte **Blausee** ❹, in dem man auch baden kann – Zugang wäre aber von der Friedensstraße aus. Einmal hat man auch einen Blick auf den See.

Nach dem Blausee biegen wir rechts ab in Richtung »Oberhausen Kläranlage«. An der **Kläranlage** gehen wir nach der Brücke an einer schönen Birkenallee vorbei. Am querenden Weg danach halten wir uns rechts, zweigen aber gleich links auf einen unbefestigten Feldweg ab ❺.

Nun spazieren wir am idyllischen **Kleinen Rheinhäuser See** entlang, den man durch einige Lücken im Schilf auch sehen kann. Nach ihm gehen wir kurz nach links, zweigen dann rechts ab und stehen kurz darauf vor dem **Erlichsee** ❻. Wir biegen rechts ab und wandern geradeaus, auch nach dem See, bis zu einem querenden Asphaltsträßchen. Ihm folgen wir nach links.

Wir kommen am **Modellfliegerplatz** vorbei und gehen geradeaus auf Oberhausen zu, wobei sich links hinter der

Um die Seen wächst eine wuchernde Natur.

TOUR 4 Oberrheinebene

Bruch- und Auwald

Die Tour führt teilweise durch einen typischen Bruch- oder Auwald. Ein Bruchwald ist ein ständig nasser, evtl. überstauter oder gefluteter sumpfiger Wald. Ein Auwald hingegen wird regelmäßig geflutet. Beide jedoch sind durch immer wiederkehrende Wasserstandsänderungen gekennzeichnet, da ihre Standorte grundwassernah und oft an Bächen oder Flüssen gelegen sind. Die Überschwemmungen finden vorwiegend im Frühjahr nach der Schneeschmelze statt. Sie können über mehrere Wochen bis Monate andauern. Hier in der Gegend findet man vor allem Erlen- und Birkenbruchwälder.

In die Rheinauen

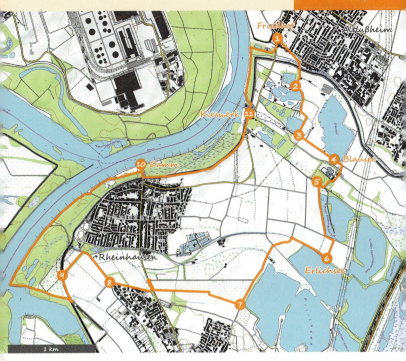

Hecke der hier nicht zugängliche und kaum zu sehende Erlichsee befindet. Bald haben wir **zwei Möglichkeiten**. Wir können entweder dem ersten rechts abgehenden befestigten Weg folgen. Er bringt uns zu einer Straße, auf der wir kurz nach links zum Gewerbegebiet von Oberhausen gehen. Dort halten wir uns rechts und biegen in die Draisstraße ab. Etwas abenteuerlicher und naturnäher ist es, wenn wir bis zum Ende des Erlichsees weitergehen. Hier quert ein **unbefestigter Feldweg** ❼. Ihm folgen wir nach rechts. Er macht bald einen Rechts-Links-Knick, von wo aus wir nun Pfadspuren auf einem Wiesenweg weiter folgen. An einem links liegenden Wäldchen durchqueren wir einen Schilfgürtel und wandern danach geradeaus auf das oben genannte Gewerbegebiet zu. Dort treffen wir direkt auf die Draisstraße.

Wir folgen ihr kurz, dann zweigen wir rechts ab. Nun wandern wir zwischen Gewerbegebiet und Streuobstwiesen bis zu einer **Kreuzung** ❽, wo links das Gewerbegebiet endet. Hier halten wir uns rechts. Etwas später biegen wir nach der hohen **Feldhecke** links ab und gehen direkt auf

Die Birkenallee gibt diesem Wegstück eine heitere Note.

TOUR 4　　　　　　　　　　　　　　　　　　　　*Oberrheinebene*

INFOS

Freizeitkarte F513 Mannheim Heidelberg, 1 : 50 000, Landesamt für Geoinformation und Landentwicklung Baden-Württemberg (LGL)

www.lebensader-oberrhein.de;
www.altlussheim.de

Bahn bis Neulußheim oder Rot-Malsch, dann Bus

Altlußheim, Friedhof, Friedensstraße, GPS 49.296449, 8.495607
Auf den Parkplätzen an der Friedensstraße darf unter der Woche nur 2 Stunden geparkt werden. An der Friedhofsecke zur Rheinhäuser Straße gibt es einen kleinen, unbegrenzten Parkplatz. Man kann sich auch im östlichen Teil der Friedensstraße einen Parkplatz suchen. An einem Ausweichparkplatz kommt man auch ganz am Schluss der Wanderung vorbei, siehe Text. Man findet ihn, wenn man der Rheinhäuser Straße kurz nach …

einen **Damm** zu. Auf oder neben ihm wandern wir nach links weiter, bis ein Sträßchen quert ❾.

Auf ihm halten wir uns nun rechts, als Zeichen orientieren wir uns am blauen R für den Rheinauenweg. Nach einer Brücke geht es auf einem Pfad weiter. Nach links haben wir einen schönen Blick auf den **Philippsburger Altrhein**. Bald haben wir den **kanalisierten Rhein** erreicht. Nun gehen wir entlang des Flusses nach rechts weiter, unter der Woche kann man auch meist den Schiffsverkehr auf dem Wasser beobachten.

Wo ein breiter Weg nach rechts zu Häusern führt, bleiben wir noch auf dem schmaleren Weg daneben. Kurz danach liegt rechts ein **Sportplatz**. Hier zweigen wir rechts

In die Rheinauen

ab auf einen fast parallel zum Rheinweg verlaufenden Weg. Er bringt uns zu einem **Parkplatz**, wo wir uns rechts halten. Wir queren den **Damm** ⑩, biegen aber gleich links ab und wandern auf ihm weiter.

Nach einiger Zeit geht es durch ein **Kieswerk** ⑪ hindurch. Gleich nach ihm und nach dem Zulauf zweigen wir links ab und kommen wieder zum **Rhein**. Etwas später überqueren wir einen Zulauf, kurz danach nehmen wir den rechts abgehenden Weg. Er bringt uns zum **Parkplatz Festplatz** – dem erwähnten Ausweichparkplatz, dann mit einem Linksbogen zur Rheinhäuser Straße. Ihr folgen wir nach links. Gleich darauf geht rechts die Friedensstraße zum **Friedhof** ab.

… Süden folgt und nach dem letzten Haus rechts zum Parkplatz Festplatz abzweigt.
GPS 49.295039, 8.493835

Es ist immer interessant, den Schiffsverkehr auf dem Rhein zu beobachten.

Bergstraße/Odenwald

TOUR 5 — Bergstraße/Odenwald

Immer wieder Aussicht   5

Von Hemsbach durch Wald und Weinberge zum Waldnerturm

 2 ½ Std
 8,5 km
 200 Hm

Hemsbach Waldparkplatz – Weinberge – Aussichtspunkte – Haus – Wolfsteinhütte – Waldnerturm – Jüdischer Friedhof – Waldparkplatz

Wir wandern auf festen Wegen und Pfaden.

Aussichtspunkte, Weinberge, Aussichtsturm, Jüdischer Friedhof

Hemsbach

Diese Wanderung führt uns auf zwei Fernwanderwegen durch die Landschaft zwischen badischer Bergstraße und Odenwald. In der ersten Hälfte geht es mit einem eher komplizierten Wegverlauf durch ein abwechslungsreiches Gebiet mit Waldstücken, Weinbergen und Streuobstwiesen, immer wieder unterbrochen von Aussichtspunkten, die eine weite Sicht über die Rheinebene bieten. Später wird es einfacher, denn man muss nicht mehr so viele Abzweigungen beachten. Nun führt uns der Weg vorwiegend durch den Wald. Mit einem kleinen Abstecher kommen wir zum Waldnerturm. Hier hat man die vielleicht schönste Aussicht des Tages – auf der einen Seite zur Rheinebene, auf der anderen zum Odenwald. Auch der Turm selbst ist interessant. Bevor man auf dem letzten Stück des Rückwegs den Parkplatz wieder erreicht, kann man von außen noch einen Blick auf den jüdischen Friedhof werfen.

Idylle zwischen Weinbergen und Baumwiesen.

Wir folgen vom **Waldparkplatz Mühlweg** ❶ in Hemsbach dem schmalen Pfad, der parallel zu Bach und Straße im Wald verläuft. Eine überreiche Vegetation lässt hier fast Dschungelatmosphäre aufkommen.

Etwas später treffen wir am Wanderschild **Oberer Zeilbergweg** (146 m) auf eine Straße. Wir biegen aber scharf links ab, als Zeichen orientieren wir uns am gelben B des Blütenwegs.

Nun steigt unser Weg an. Kurz darauf zieht er scharf nach rechts ❷. Etwas später beschreibt der breite Weg eine Linkskurve, wir gehen aber mit dem Zeichen geradeaus weiter, nun eben. Nach den rechts liegenden Gärten biegen wir links ab. Jetzt kommen wir durch ein wild und urig wirkendes Gebiet mit Weinbergen. Über sie hinweg bietet sich uns ein Blick in die Rheinebene. An einem querenden Weg orientieren wir uns rechts.

Nun geht es bergab zu einem **Wasserbehälter**. Vor ihm werden wir nach links verwiesen, jetzt steigt das Gelände wieder an. Zweimal ignorieren wir rechts abzweigende Wege, dann wandern wir wieder durch Weinberge. Wo der Asphaltweg endet, geht es mit dem gelben B auf einem unbefestigten Weg weiter. Danach wandern wir auf einem schmalen Asphaltpfad. Bald sehen wir rechts über eine Wiese mit Mager- und Trockenrasen ins Rheintal.

An einem querenden Weg vor einem Wiesenhang biegen wir rechts ab ❸. Kurz darauf geht

Waldnerturm

Der Waldnerturm wurde Mitte des 19. Jahrhunderts im Stil der Zeit in Form eines Bergfrieds vom Besitzer des Waldnerhofes erbaut. Früher war zudem eine Küche angebaut, die Jagdgesellschaften versorgen konnte. Von unten, aber noch schöner vom immer geöffneten Aussichtsturm aus haben wir ein letztes Mal einen prächtigen Blick: Nach Westen ins Rheintal und nach Osten zu der lebhaft strukturierten Landschaft des Odenwalds.

TOUR 5

Bergstraße/Odenwald

es im Wald scharf nach links hinauf ❹. Wo der breite Weg etwas später nach rechts zieht, gehen wir auf einem Pfad geradeaus weiter. Wir wandern nun an der Kante des Wiesenhangs hinauf. Oben werden wir nach rechts verwiesen ❺.

Etwas später zeigt das Zeichen nach rechts in den Wald, gleich darauf nach links. Nun wandern wir mit einigen Windungen auf einem schmalen Pfad hinab zu einem Bach. An dem querenden Weg vor ihm halten wir uns links. Jetzt geht es eben am Hang entlang. An einem Querweg orientieren wir uns rechts, kurz danach quert ein mit den Zeichen 1 und Burgensteig Bergstraße markierter Weg. Ihm folgen wir als Hohlweg nach links hinauf. Ein steiler und schmaler asphaltierter Pfad bringt uns bald zu einem **Haus** ❻. Auch hier bietet sich uns ein prächtiger Blick nach Westen.

Jetzt ist auch der etwas komplizierte Wegverlauf zu Ende. Die Zeichen, denen wir jetzt eine Weile folgen, weisen uns nach links. An einer Verzweigung halten wir uns mit den Wanderzeichen rechts. Bald erreichen wir

einen hölzernen **Pavillon** ❼. Wir können hier noch einmal die Aussicht über die Weinreben genießen. Dann biegen wir scharf links ab. Wo der breite Weg nach links zieht, gehen wir geradeaus auf einem unbefestigten Weg weiter. Teilweise am Waldrand entlang treffen wir bald auf einen Schotterweg. Ihm folgen wir in Gehrichtung.

Es geht eben bis zu einer **Rechtskurve** ❽, hier nehmen wir den links abgehenden Weg

Jüdischer Friedhof Hemsbach

Der Jüdische Friedhof Hemsbach wurde 1674 als Verbandsfriedhof errichtet. Man kann ihn zwar nicht betreten, die interessanten Grabsteine kann man jedoch auch vom Zaun aus gut sehen. Er besitzt noch 1066 Grabsteine, von denen der älteste lesbare aus dem Jahr 1682 stammt. Die letzte Bestattung hier fand 1940 statt.

TOUR 5 — *Bergstraße/Odenwald*

Besuchen Sie uns am Hemsbacher Wiesensee mit alla hopp!-Anlage

www.hemsbach.de

HEMSBACH in Baden ganz oben

Immer wieder Aussicht

INFOS

Wanderkarte 8 Bergstraße Weschnitztal, 1 : 20 000, Geo-Naturpark Bergstraße Odenwald und Naturpark Neckartal-Odenwald; Freizeitkarte F513 Mannheim Heidelberg, 1 : 50 000, Landesamt für Geoinformation und Landentwicklung Baden-Württemberg (LGL).

www.geo-naturpark.net; www.diebergstrasse.de; www.hemsbach.de

Bahn bis Weinheim, dann mit dem Bus nach Hemsbach

Hemsbach, Mühlweg, Waldparkplatz, GPS 49.591806, 8.667667

Nr. 2, der wieder ansteigt. Wir queren einen Weg und gehen noch etwas weiter bergauf bis zu einem weiteren querenden Weg. Hier biegen wir links ab. Gleich darauf liegt links die **Wolfsteinhütte** ❾.

Wir wandern immer geradeaus weiter bis zum Schild Waldnerturm (275 m). Hier müssen wir uns später links halten, erst gehen wir aber noch geradeaus weiter. Kurz danach verlassen wir den Wald und gehen über die Wiese zu dem linksstehenden **Waldnerturm** ❿. Am Weg können wir auch an Tisch und Bänken rasten.

Danach gehen wir wieder zurück zum **Wanderschild** und biegen rechts ab. Gleich darauf folgen wir aber den Zeichen 2, 3 und dem gelben Punkt nach rechts. Nach etwas abschüssigem Weg kommen wir an einem hölzernen Pavillon vorbei. Gleich nach ihm zweigen wir rechts ab. Kurz danach liegt rechts der interessante **Alte Jüdische Friedhof** ⓫ von Hemsbach.

Nach kurzem weiteren Weg bergab erreichen wir wieder unseren **Ausgangspunkt**.

Bei guten Sichtverhältnissen hat man einen prächtigen Blick zur Rheinebene.

TOUR 6

Bergstraße/Odenwald

Geologie mit Auf und Ab

Der Geopark-Pfad bei Weinheim

- 2 ½ Std.
- 8 km
- 310 Hm

Ursenbacher Höhe – Schriesheimer Hütte – durch den Wald – hinab ins Tal des Weitentalbachs – Spatschlucht – Lange Schaar – Obere Griet – durch den Wald – Ursenbacher Höhe

Die Wanderung verläuft auf Forstwegen und Pfaden. Diese sind zum Teil steil und ausgesetzt, einmal gibt es sogar eine Seilsicherung. Man sollte also schwindelfrei und trittsicher sein. Bei und nach feuchtem Wetter, bei Eis und Schnee sollte man wegen der Rutschgefahr die Wanderung nicht unternehmen. Der Weg ist durchgehend mit einem gelben L, aufgemalt auf Bäumen, markiert.

Es gibt vom Geopark Bergstraße-Odenwald zwei nebeneinander liegenden Geopfade. Dieser Wandervorschlag beschreibt den auf der Weinheimer Seite. Er führt vor allem durch Wald und tiefe Schluchten. An Besonderheiten, die auch auf Tafeln erklärt werden, werden hier Reste und Beschreibungen des ehemaligen Schwerspatabbaus geboten. Der landschaftliche Höhepunkt dieser Waldwanderung ist sicher die Spatschlucht, eine wilde Schlucht mit hohen, senkrechten Felswänden.

Wir parken direkt auf dem **Wanderparkplatz Ursenbacher Höhe** an der Odenwaldstraße. Dann folgen wir dem Weg, der durch die Wiesen hinauf zum Wald führt und steigen ihn weiter hinauf. Links sehen wir bald ein kleines Felsenmeer mit einigen großen, wie hingeworfen wirkenden Steinen.

Wo es ebener wird, zweigen wir von dem Asphaltweg rechts ab auf einen unbefestigten Weg. Nun geht es steil bergab. Gleich darauf sehen wir rechts einen alten Grenzstein von 1790. Wir queren einen eben verlaufenden Weg – auf ihm kommen wir am Ende der Tour wieder zurück.

Geologie mit Auf und Ab

Nach der links liegenden Schriesheimer Hütte wird es flacher. Wir kommen an einer baumbestandenen Verkehrsinsel vorbei, danach nehmen wir an der **Verzweigung** den rechten Leichtweg. Er verläuft nun relativ eben und bringt uns bis zu einer Verzweigung vor einer kleinen **Schutzhütte** ❸. Hier nehmen wir den links aufwärts führenden Weg.

Nach einem Stück bergauf kommen wir wieder zu einer Art Verkehrsinsel, hier biegen wir links in den eben verlaufenden Zinsweg ab. Nun geht es wieder eben weiter. Der breite Forstweg schlängelt sich entlang des Hangs, wir müssen nur aufpassen: An einer **Rechtskurve** ❹ werden wir scharf nach links verwiesen. Nun geht es auf einem unbefestigten Weg steil bergab.

An einem breiten Querweg halten wir uns links, gleich aber mit dem Zeichen wieder rechts. Weiter steigen wir auf einem steilen Pfad bergab. Wir erreichen einen breiten Schotterweg, wo wir uns links halten. Gleich geht es aber wieder nach rechts und wir überqueren den **Weitetalbach** ❺. Danach steigt der Weg wieder an und wir kommen zu einem der Höhepunkte dieser Wanderung, der **Spatschlucht** ❻. Sie weist hohe Felswände auf, in ihr liegen abgebrochene Äste und insgesamt erweckt sie einen etwas schauerlichen Eindruck.

Danach geht es wieder steil bergab, einmal sogar seilgesichert, zu einer Tafel mit der Erklärung zur Spatschlucht.

> 📷 Spatschlucht, Reste und Informationstafeln des Bergbaus

TOUR 6 — Bergstraße/Odenwald

INFOS

Wander- und Radwanderkarte 12 Heidelberg Neckartal-Odenwald, 1 : 20 000, Geo-Naturpark Bergstraße Odenwald und Naturpark Neckartal-Odenwald; Freizeitkarte F513 Mannheim Heidelberg, 1 : 50 000, Landesamt für Geoinformation und Landentwicklung Baden-Württemberg (LGL)

www.geo-naturpark.net;
www.diebergstrasse.de;
www.weinheim.de

Bahn bis Schriesheim, Bus bis Ursenbach, Haltestelle Ursenbacher Hof

Weinheim, Ursenbacher Höhe, 386 m, GPS 49.498359, 8.722288

Dann halten wir uns rechts zu einem Forstweg, dem wir nach links folgen. An der gleich folgenden Verzweigung halten wir uns rechts und steigen wieder bergauf. Rechts steht das evangelische **Waldheim** ❼, das in einem ehemaligen Werkstattgebäude des Bergbaus untergebracht ist. Am Ende der Freifläche des Waldheims steht eine Informationstafel zum »Langen-Scheer-Stollen«.

Nun steigt der Pfad im Wald weiter an. Kurz danach zweigen wir rechts ab. Am nächsten querenden Forstweg sehen wir eine Tafel, die vor »unwegsamen Gelände und Absturzgefahr« warnt. Hier geht es weiter steil bergauf, vorbei an Gräben und Stollenlöchern, die teilweise mit Drahtseil abgesichert sind. Oben angelangt können wir auf der Informationstafel »Obere Griet« Weiteres zum hiesigen Bergbau lesen.

Danach fällt der Weg wieder. Wir erreichen einen breiten **Forstweg** ❽, dem wir nach links folgen. Dass der blau markierte Burgenweg gleich darauf rechts abzweigt, ignorieren wir. Wir steigen nun immer mäßig den Weg hinauf, bis er eine **Linkskurve** ❾ beschreibt. Hier zweigen wir rechts ab auf einen unbefestigten Weg (Haselweg).

Nach ein paar Minuten sehen wir rechts hinter dem Wald eine **Lichtung**. Hier knickt der Weg scharf links ab und wir steigen steil hinauf zu einem querenden Weg (Neuwaldweg). Ihm folgen wir nach rechts. Bald quert der Weg, auf dem wir anfangs hinabgestiegen sind. Ihm folgen wir nun bergauf. Bald sind wir oben und treffen auf das Asphaltsträßchen, auf dem wir zu Beginn heraufgestiegen sind. Nach links bringt es uns hinab zum **Ausgangspunkt**.

links: Der Weg führt an mächtigen Felsformationen vorbei.

rechts: In der beeindruckenden Spatschlucht.

TOUR 7   Bergstraße/Odenwald

Felsenmeere und ein Aussichtsturm 7
Der Geopark-Pfad bei Schriesheim

 2 ½ Std.
 8,5 km
240 Hm

Ursenbacher Höhe –
Felsenmeer –
Eichelbergturm –
Wildeleutestein –
Kreuzungspunkt
Hohe Straße –
Aussichtsweg – über
Oberflockenbach –
letztes Felsenmeer –
Steinberg/Kelten-
schanze – Ursen-
bacher Höhe

Die Wanderung ver-
läuft auf festen We-
gen und Pfaden.

Aussicht vom Aus-
sichtsturm, Felsen-
meere

Diese Wanderung ist von den beiden Teilen der leichtere, obwohl sie in Bezug auf Länge und Höhenmetern ähnlich ist. Die Wanderung beschreibt in etwa einen Achter. Wir wandern wieder durch einen schönen Wald und vorbei an einigen Felsenmeeren hinauf zum Eichelbergturm, danach vorbei am sagenumwobenen Wildeleutestein wieder hinab. Danach folgt der zweite Teil des Achters, bei dem wir eine herrliche Aussicht haben, ein weiteres Felsenmeer und Hinterlassenschaften früherer Menschen sehen, die mit den Kelten in Verbindung gebracht werden.

Gleich zu Beginn der Wanderung bietet sich ein schöner Blick über die hügelige Landschaft.

Wir parken bei diesem Teil des Geopfads auf dem **Wanderparkplatz Ursenbacher Höhe** ❶ auf der Nordseite der Odenwaldstraße/L 596. Dann gehen wir in Richtung Straße und biegen gleich nach dem Gehölzstreifen, der unterhalb des Hofes verläuft, links ab. Dort folgen wir dem Wanderzeichen gelbes L, das uns auf der gesamten Tour begleiten wird. Zuerst wandern wir entlang der Felder und mit schöner Aussicht zu dem bewaldeten Hügel des Eichelbergs vor uns. An seinem Fuß bei der **Linde** ❷ beginnt unser Rundweg. Wir nehmen den links abgehenden, in den Wald führenden Schotterweg.

Felsenmeere und ein Aussichtsturm

An der Verzweigung bei einem steinernen Wegweiser führt nach links ein Weg abwärts, wir wandern aber auf dem rechten Weg weiter in Richtung »Eichelberg«. Bald kommen wir an mächtigen Felsklötzen vorbei, dem ersten Felsenmeer dieser Tour. Es geht vorbei an der Infotafel »Gletscher im Odenwald«, auf welcher das Entstehen der Felsenmeere erklärt ist. Hier sehen wir auch einen alten Grenzstein mit einem Wappen.

Danach erreichen wir eine **Schneise** ❸, wo wir uns nach rechts steil hinauf zu einem querenden Forstweg wenden. Ihm folgen wir nach links ❹, nun eben. Dem nächsten querenden Forstweg folgen wir aber wieder nach rechts bergauf ❺. Bald erreichen wir die Tafel »Hart wie Granit«, auf der die oft sichtbare Wollsackverwitterung erklärt wird. Auch hinter der Tafel liegt ein Felsenmeer, an dem diese charakteristische Verwitterung zu sehen ist. Wo der Weg nach links zieht, wandern wir geradeaus weiter.

Kurz darauf verzweigt sich der Weg. Wir steigen später nach links steil hinauf, zuerst folgen wir aber dem nach rechts weisenden gelben L. Es bringt uns zu einem weiteren **Felsenmeer** ❻. Hier steht die Infotafel »Eine steinreiche Gegend«; auf ihr geht es um das früher übliche Steinhauergewerbe. Danach drehen wir um und gehen rechts der Verzweigung auf einem Pfad steil hinauf. An einem querenden breiten Weg halten wir uns rechts und erreichen bald den **Eichelbergturm/Mannheimer Hütte** ❼ der Sektion Mannheim des Odenwaldklubs (526 m). Sie ist von März bis November sonntags geöffnet. Info: www.odenwaldklub.de.

TOUR 7 — Bergstraße/Odenwald

Der Wildeleutestein ist ein beeindruckendes Felsgebilde.

Der markierte Wanderweg führt rechts des Turms weiter. Etwas später müssen wir aufpassen, denn nach einer Rechtskurve zweigt er vom breiten Weg nach links ab. Wir folgen dem Zeichen kurz und steil bergab zu einem breiten Weg. Auf ihm gehen wir kurz nach links, danach aber an seiner Rechtskurve auf einem Pfad geradeaus weiter. Wir passieren Lesesteinhaufen und kommen schließlich zu einem großen Felsmassiv, dem **Wildeleutestein** ❽. Auf ihm ist die Wollsackverwitterung gut zu erkennen. Seine Geschichte wird auf der Tafel »Die wilden Leute vom Eichelberg« erklärt.

Nach weiterem Bergab verlassen wir den Wald und wandern durch die Wiesen nach rechts zu einem Asphaltsträßchen am **Kreuzungspunkt Hohe Straße** ❾. Hier nehmen wir den rechts abgehenden Pfad, der uns in den Wald bringt.

Nun wandern wir eine Weile relativ eben durch den Wald. Wo das Wanderzeichen roter Strich nach links abwärts abzweigt, wandern wir auf dem rechten Weg weiter. Nach einer **pavillonartigen Schutzhütte** erreichen wir wieder die **Linde** ❷ am Waldrand, die wir vom Anfang her noch kennen.

Wir gehen noch kurz geradeaus weiter bis zu dem **Wegweiser** bei einem Baum, jetzt beginnt der zweite Teil der Achterschleife. Wir zweigen hier rechts ab und wandern, wieder mit weiter Aussicht auf eine fast parkartig wirkende Landschaft, durch die Wiesen bis zum ersten Haus von **Oberflockenbach**. Hier gehen wir links an den Häusern vorbei und folgen dem Weg bis zu einem **Wegweiser**, wo der Weg zur Ursenbacher Höhe nach links ❿ angezeigt wird.

Felsenmeere und ein Aussichtsturm

INFOS

Wander- und Radwanderkarte 12 Heidelberg Neckartal-Odenwald, 1 : 20 000, Geo-Naturpark Bergstraße Odenwald und Naturpark Neckartal-Odenwald; Freizeitkarte F513 Mannheim Heidelberg, 1 : 50 000, Landesamt für Geoinformation und Landentwicklung Baden-Württemberg (LGL)

www.geo-naturpark.net;
www.dieberg strasse.de;
www.schriesheim.de

Bahn bis Schriesheim, Bus bis Ursenbach, Haltestelle Ursenbacher Hof

Weinheim, Ursenbacher Höhe, 390 m, GPS 49.498858, 8.722745

Rast am Eichelbergturm

Wir steigen nun auf einem breiten Weg steil an. Nach ein paar Minuten werden wir jedoch auf einen rechts abgehenden Pfad verwiesen. Auf ihm geht es etwas hinauf bis zu einem **Felsenmeer**. Gleich nach ihm biegen wir links ab und steigen kurz steil den Berg hinauf. Danach sehen wir weitere Felsbrocken. Wir befinden uns hier auf dem **Steinberg** [11], der mitsamt seiner Geologie und seiner Geschichte auf einer Tafel erklärt wird. Die Spuren menschlicher Bearbeitung hier oben werden auf die Kelten zurückgeführt (»Keltenschanze«).

Danach geht es nur kurz bergab, schließlich an dem Hof vorbei zum **Parkplatz**.

TOUR 8   Bergstraße/Odenwald

Zweiburgentour über der Rheinebene

Über die Strahlenburg zur Schauenburg

2 ¾ Std.

8,8 km

230 Hm

Schriesheim/Schillerstraße – Strahlenburg – durch die Weinberge – Schauenburg – durch den Wald – Strahlenburg – Schriesheim

Wir wandern mit mäßigem Höhenunterschied – der Hauptanstieg kommt gleich zu Beginn der Tour – auf festen und teilweise Naturwegen.

Strahlenburg, Schauenburg, Altstadt Schriesheim

Strahlenburg, Schriesheim

Das Neckar- und Rheintal oberhalb von Heidelberg ist mit seinen Weinbergen, den Wäldern des Odenwalds und dem roten Gestein, das immer wieder aus dem Grün der Wälder hervorleuchtet, schon alleine ein landschaftlicher Genuss. Von Schriesheim aus kann man diesen noch erhöhen, indem man zwei Burgruinen besucht, die im Abstand einer Wanderung voneinander entfernt liegen.

Oberhalb der Strahlenburg am Rand der Weinberge.

Etwas nördlich vom **Bahnhof** liegt der **Schillerplatz** ❶ mit der modernen **Brunnenanlage**. Von hier aus ist die Wanderung beschrieben. Hinter ihm überqueren wir die Schillerstraße und wandern in der Theodor-Körner-Straße weiter bis zur querenden **Heidelberger Straße** ❷. Ihr folgen wir nach links. Sie führt uns in die **Schriesheimer Altstadt**. Wir kommen am **alten Rathaus** – man betrachte das Prangereisen an der Säule –, dem Marktplatz mit dem Brunnen und alten Häusern aus verschiedenen Epochen vorbei. Bald quert die **Schulgasse** ❸.

Wer am Festplatz geparkt hat, folgt der Talstraße nach Osten, bis rechts die Heidelberger Straße in Richtung Alt-

Zweiburgentour über der Rheinebene

stadt abgeht. Dort geht man kurz in die Straße hinein, dann folgt man der Schulgasse wie beschrieben.

Aus Richtung Altstadt/Schillerplatz/Bahnhof kommend gehen wir durch die Schulgasse nach rechts zu einem **Platz** (Pfarrer-Eberhard-Platz) links der Kirche. Rechts der quer stehenden Schule führt der Weg zur Strahlenburg weiter. Wir gehen kurz hoch zu einem Platz und wandern links der **VHS** weiter. Erst steigen wir auf einer Treppe hinauf; wo danach eine weitere Treppe nach rechts oben führt, gehen wir nach links weiter.

Nun kommen wir hinab zum Burgweg. Ihm folgen wir nach rechts hinauf. Kurz danach weist uns ein Schild bei

Haus 1 aber nach rechts. Wir gehen kurz entlang von Wohnhäusern, dann verlassen wir den Ort durch ein **Rundbogentor**. Ab jetzt führt uns der Weg durch Weinberge und steigt dann auch an. Nach einer Tafel zur Strahlenburg gehen wir hinauf zu einer **Aussichtsterrasse** ❹. Dort haben wir jetzt auch einen Blick zur Strahlenburg. An der Terrasse wandern wir auf einem Asphaltweg nach rechts weiter.

Wir wandern nun immer durch die Weinberge und haben nach rechts einen Blick ins Neckar- und Rheintal und anfangs auch auf Schriesheim. Rückblickend sehen wir über

Schauenburg

Die Schauenburg wurde um 1100 erbaut und sitzt auf einem Bergsporn innerhalb eines keltischen Ringwalls. Besitzer waren die 1130 erstmals erwähnten Edelfreien von Schauenburg, die im 13. Jahrhundert nach den Pfalzgrafen als die vornehmste Familie der Region galten. 1460 eroberte Pfalzgraf Kurfürst Friedrich I. der Siegreiche nach einwöchiger Belagerung die Burg. Danach wurde die eroberte feindliche Festung geschliffen. Um 1900 wurden ein Drittel der Anlage und ein Teil des Berges gesprengt, um Porphyr gewinnen zu können. Heute stehen daher noch der Stumpf des Bergfrieds, Fundamente des Palas und anderer Baulichkeiten sowie ein Teil von Schild- und Ringmauer samt Graben.

eine längere Zeit die Strahlenburg. Nach einiger Zeit weist uns ein Schild darauf hin, dass wir uns in einem »Natura 2000 Vogelschutzgebiet« befinden.

Kurz darauf geht der Asphaltweg nach einer **Kreuzung** in einen nur noch sporadisch befestigten Feldweg über. Die letzten Weinberge hören nun auf, der Weg führt uns jetzt durch eine Mischung aus einem Trockenhang ähnlichen Gebüsch, Wald und einigen weiteren Weinbergen.

Bald zweigt der Pfad, nun mit einem gelben B (für Blütenweg) markiert ❺, steil hinab durch einen Hohlweg ab. Am Ende des Hohlwegs folgen wir dem B nach links auf einen anfangs befestigten Weg. Gleich darauf geht es wieder nach links hinauf. Etwas später weist uns ein **Schild** ❻ nach links hinauf zur »Schauenburg«. Der Pfad steigt steil an, wir halten uns an einer Verzweigung rechts (Zeichen Do, 1,3) und bald stehen wir bei einem Pavillon und vor der **Schauenburg** ❼. Zur Besichtigung gehen wir über den Holzsteg.

Zurückgekehrt folgen wir am Schild **Schauenburg** (269 m) dem hinter dem breiten Forstweg ansteigenden, unbefestigten Pfad. Er ist recht holprig und bringt uns als Weg D 3 hinauf zu einem breiten **Forstweg** ❽. Auf ihm halten wir uns links. Wir wandern nun durch das Naturschutzgebiet Ölberg. Pfeilerstümpfe und eine Hausruine erinnern uns daran, dass hier früher wohl reger Arbeitsbetrieb herrschte.

Blick über Schriesheim zur Oberrheinebene.

TOUR 8 — Bergstraße/Odenwald

INFOS

Wander- und Radwanderkarte 12 Heidelberg Neckartal-Odenwald, 1 : 20 000, Geo-Naturpark Bergstraße Odenwald und Naturpark Neckartal-Odenwald; Freizeitkarte F513 Mannheim Heidelberg, 1 : 50 000, Landesamt für Geoinformation und Landentwicklung Baden-Württemberg (LGL)

www.geo-naturpark.net; www.diebergstrasse.de; www.dossenheim.de; www.schriesheim.de

Bahn bis Schriesheim Bahnhof

Schriesheim, Schillerplatz, GPS 49.472799, 8.660409

Kostenlose Parkmöglichkeiten findet man um den Schillerplatz sonntags in der Schillerstraße. Weitere Parkplätze gibt es beim Festplatz, Talstraße. Von dort folgt man der Talstraße nach Osten, bis rechts die Heidelberger Straße in Richtung Altstadt abgeht.

An einem Querweg gehen wir nach links hinab. Etwas später mündet von links ein anderer Weg ein. Danach erreichen wir das Schild **Ob. Geisenbachweg** (255 m) ❾. Hier halten wir uns links und wandern, vorbei am Schild **Strahlenburg** (230 m), hinab zur **Infotafel Mosaiklandschaft Kuhberg**. Rechts davon steht ein Denkmal für die gefallenen Mitglieder des Liederkranzes Schriesheim.

Wir gehen auf dem links abwärts führenden Schotterweg auf den Burgturm zu. Der Weg zieht nach rechts und bringt uns zum **Parkplatz** der Strahlenburg. Wir gehen durch ihn nach links zum **Burgeingang** ❿.

Vor dem Burgeingang halten wir uns links und gehen, vorbei an der Trinkwasseranlage, hinab zur vom Anfang der Wanderung her bekannten **Aussichtsterrasse** ❹. Nun wandern wir auf dem bekannten Aufstiegsweg zurück.

Es geht nach rechts bergab zum Burgweg und auf ihm kurz hinab. Nun halten wir uns links zur VHS und zur Schule. Hinter ihr wandern wir in der Schulgasse zur Heidelberger Straße ❺ und in ihr nach links durch die Altstadt zur links abgehenden Theodor-Körner-Straße ❷. Sie bringt uns nach rechts zurück zum **Schillerplatz**.

Strahlenburg

Conrad I. (»der Strahlenberger«) von Hirschberg begann etwa 1135 mit dem Bau der Strahlenburg. Dies geschah aber auf ellwangischem Grund und ohne Einverständnis der rechtmäßigen Besitzer, weshalb er in die Reichsacht kam. Durch die Vermittlung des Kaisers wurde die Acht 1237 für die Dauer eines Italienfeldzuges aufgehoben, da Conrad dort gebraucht wurde. Als Bedingung galt, dass er innerhalb von sechs Wochen nach seiner Rückkehr zum Ausgleich mit dem Kloster Ellwangen kam. 1504 wurde die Burg im bayerisch-pfälzischen Erbfolgekrieg zerstört. Sie spielte aber auch in der Literatur eine Rolle, denn in ihr soll Heinrich von Kleist Eindrücke für sein »Käthchen von Heilbronn« gewonnen haben. Als älteste Bauteile gelten der über 25 Meter hohe Bergfried aus dem 13. Jahrhundert sowie die ihn flankierenden Reste der fast 15 Meter hohen Schildmauer. Die Burg besitzt prächtige gotische Fenstergewände. Sie erhielten in jedem Stockwerk eine andere Form. Dazu gehörten steinerne Sitzbänke, die ins Mauerwerk eingearbeitet wurden.

TOUR 9

Bergstraße/Odenwald

Unterwegs mit Wein und Kultur 9
Durch die Weinberge bei Heidelberg

- 2 ½ Std.
- 8,5 km
- 170 Hm

Leimen/Wanderparkplatz Wildgehege Gossenbrunnen – Weingut – Weinberge – Soldatenweg – Friedhof – Altstadt Rohrbach – Skulptur Bacchus – Skulptur Herz – stillgelegter Steinbruch – Weingut – Wanderparkplatz Wildgehege Gossenbrunnen

Wir wandern auf festen Wegen, teilweise auch auf Naturwegen. Da die Wege in den Weinbergen recht verworren sind, sollte man gut auf die Beschreibung und die Karte achten, auf der der Weg eingezeichnet ist. Wir können uns an den Zeichen des Erlebniswanderwegs Wein- und Kultur sowie am gelben B des Blütenwegs orientieren ...

Diese Tour führt uns mit viel Aussicht durch die historische Weinberglandschaft von Heidelberg-Rohrbach. Dabei bietet die Bebauung mit Hochhäusern und das Gewerbegebiet, das zeitweise direkt in der Nähe der Weinberge liegt, einen interessanten Gegensatz zu der idyllischen Landschaft. Immer wieder haben wir auch einen weiten Blick in die Ferne über die Rheinebene zu den Bergen des Pfälzer Walds. Neben der Weinberglandschaft wandern wir auch durch Streuobstwiesen und Brachflächen. Interessant sind auch die zahlreichen Informationstafeln zum Weinbau, zum Natur- und Artenschutz, zur Geologie und zur Kultur- und Heimatgeschichte in Rohrbach – hier ist zum Beispiel auch der Dichter Joseph von Eichendorff zu nennen, der in dieser lieblichen Landschaft zum Schwärmen angeregt wurde und dem eine der Informationstafeln gewidmet ist.

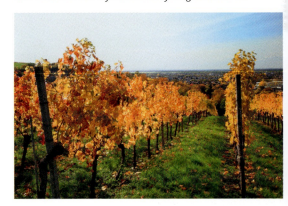

Wir gehen vom **Wanderparkplatz Wildgehege Gossenbrunnen** ❶ oberhalb von Leimen zur Heltenstraße und folgen auf ihrer anderen Seite dem parallel zur Straße aufwärts ziehenden Naturpfad. Wo wir auf eine links von der Heltenstraße abgehende Straße treffen, fol-

Unterwegs mit Wein und Kultur

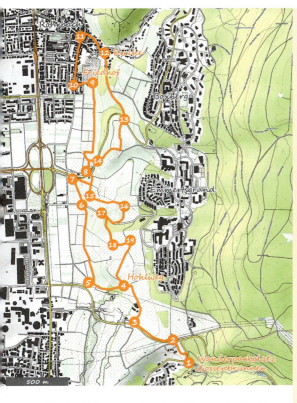

... Die Zeichen des Erlebniswegs sind aber nicht ständig angebracht – da wir im Uhrzeigersinn, aber gegen die offizielle Richtung wandern und es auch Varianten gibt, kann man sich weder auf die Richtungsangabe noch auf das Vorhandensein der Schilder verlassen; sieht man aber ein Zeichen für den Erlebniswanderweg, weiß man, dass man auf dem richtigen Weg ist. Nützlich ist es auch, sich entweder den Track zu laden oder eine der empfohlenen Wanderapps zu öffnen.

Weinberge, Aussicht

Ausgangspunkt, Rohrbach

gen wir ihr. Sie führt uns nach den Häusern durch eine **Röhre unter der L 600** hindurch. Gleich danach biegen wir links ab ❷. Jetzt sehen wir das erste Schild des Lehrpfads zu »Schädlingen im Weinberg«.

Zuerst wandern wir auf einem unbefestigten Weg, dann auf einem Asphaltweg neben der Landstraße. Es folgt die Tafel »Dauerbegrünung«. Bald aber biegen wir rechts ab ❸ und gehen am **Weingut Clauer** vorbei. Danach knickt der Weg links ab und wir kommen zu einem von dichtem Gebüsch umgebenen **Hohlweg** ❹. Von rechts kommen wir hier nach der Tour wieder an.

Es geht nun im Hohlweg kurz abwärts. An dessen Ende, bevor die Reben beginnen, werden wir nach rechts auf einen Naturweg verwiesen ❺; hier finden wir auch das gelbe B wieder. Nun wandern wir wieder durch die Weinberge, wobei wir nach links über die Reben einen weiten Blick,

TOUR 9 — Bergstraße/Odenwald

INFOS

Wander- und Radwanderkarte 12 Heidelberg Neckartal-Odenwald, 1 : 20 000, Geo-Naturpark Bergstraße Odenwald und Naturpark Neckartal-Odenwald; Freizeitkarte F513 Mannheim Heidelberg, 1 : 50 000, Landesamt für Geoinformation und Landentwicklung Baden-Württemberg (LGL)

www.geo-naturpark.net;
www.heidelberg-marketing.de

Es gibt einige Zugänge zum Wanderweg von Haltestellen aus. Beim beschriebenen Ausgangspunkt liegt die Bushaltestelle Leimen Gossenbrunnen, von der Haltestelle Rohrbach-Süd kommt man zum Soldatenbrunnen, von der Haltestelle Rohrbacher Markt kommt man zum Friedhof bzw. zur Kirche oder von der Haltestelle Haselnussweg auf dem Boxberg geht es hinab zum Wege, ebenso von der Haltestelle Augustinum.

zum Teil auf das Gewerbegebiet, zum Teil auf die Bergkette des Pfälzer Walds haben.

Wir kommen an den Tafeln »Prognose Wetterstation«, »Rebsorten in Deutschland« und »Integrierter Pflanzenschutz im Weinbau« vorbei, danach erreichen wir einen kleinen **Parkplatz** ⑥. Hier stehen die Tafeln »Übersichtstafel Soldatenweg«, »Granit und Sandstein« und »500 Millionen Jahre Erdgeschichte«. Wir behalten unsere Richtung bei, bis wir vor eine Straße kommen ⑦. Hier halten wir uns rechts, danach biegen wir links ab und unterqueren die **Straße** ⑧. Anschließend wandern wir mit dem gelben B auf einem unbefestigten Weg zwischen eingezäunten Gärten weiter. Am nächsten Querweg gehen wir nach links in dem **Hohlweg** weiter, halten uns gleich danach an der Verzweigung rechts und kommen zur Tafel »Wendehals«; hier geht es nach rechts, dann gleich nach links und zur Tafel »Streuobstwiesen«.

Wir kommen zur Tafel »Wein und Kultur und Rohrbach«, danach zum **Friedhof** ⑨. Vor ihm halten wir uns links, passieren die Tafel »Rohrbacher Persönlichkeiten« und gehen bis zur nächsten Querstraße (Leimer Straße) ⑩. Hier biegen wir rechts ab.

Wo die Rathausstraße beginnt, gehen wir noch geradeaus weiter. Links liegt das **Heimatmuseum**, danach kommen wir zu einer Querstraße; hier sehen wir rechts die Tafel »Joseph Eichendorff in Rohrbach«. ⑪

Hier spazieren wir nach rechts in der Straße Am Müllenberg hinauf, danach geht es in der Straße Am Heiligenhaus weiter. Nach der **Kirche** ⑫ halten wir uns rechts in die Straße Siegelsmauer. Nun steigt es an bis zu einer **Schranke**, danach geht es eben oder abwärts weiter. Nun wird auch der Blick nach rechts zur Rheinebene und zu den Höhen des Pfälzerwalds offener. Jetzt passieren wir die Tafel »Vogelwelt auf aufgelassenen Weinbergen«.

Bald überqueren wir die Straße ⑬, kommen zur Tafel »Mechanisierung im Weinbau« und biegen danach rechts ab. Wir kommen wieder über die Straße ⑭ und erreichen die Tafel »Junger Boden und alter Wirtschaftsweg«, womit ein Hohlweg gemeint ist. Gleich darauf werden wir mit dem gelben B nach links auf einen unbefestigten Weg verwiesen.

Dann erreichen wir wieder den vom Anfang her bekannten **Straßendurchlass** ⑧, danach wandern wir kurz auf bekanntem Weg weiter. Wo es an einem Querweg nicht mehr weitergeht ⑮, führt der mit dem gelben B markierte Weg zwar nach rechts weiter, wir biegen aber links auf einen Naturweg ab. Nun steigt unser Weg an. An der **Skulptur Bacchus im Weinbau** folgen wir dem Asphaltweg nach rechts. Nach der Tafel »Jahreszyklen der Reben« biegen wir rechts ab 16 auf einen Asphaltweg, nun fällt es wieder.

Wir kommen zu einem querenden breiten Asphaltweg, dem wir nach rechts folgen. Nach der Tafel »Durch diese hohle Gasse …« biegen wir scharf links ab 17. Jetzt folgen die Tafeln »Mispeln« und »Pilzkrankheiten« sowie die **Skulptur eines Herzens mit einer Weintraube**, dahinter kann man sich auf einer hölzernen Panoramaliege ausruhen oder die Aussicht genießen. Ansonsten biegen wir links ab 18 und gehen auf das hoch oben stehende große Gebäude des Augustinums zu.

Am nächsten Querweg halten wir uns rechts 19. Es folgen die Tafeln »Der rekultivierte Steinbruch« und »Der Steinbruch Rohrbach«. Nach der Tafel »Wildkräuter im Weinberg« halten wir uns am Querweg links, danach noch einmal. Nun kennen wir den Weg vom Anfang her noch – rechts beginnt der erste Hohlweg der Tour 4.

Wir biegen links ab, kommen wieder zum **Weingut Clauer** und biegen nach ihm und vor der L 600 links ab 3. Nach der Tafel »Schädlinge im Weinbau« gehen wir nach rechts 2 unter der Straße hindurch und auf bekanntem Weg zurück zum **Ausgangspunkt**.

Leimen, Ende der Heltenstraße, kurz vor der L600, Wanderparkplatz Wildgehege Gossenbrunnen, GPS 49.354062, 8.705724

Die Wanderung führt sowohl durch Weinberge wie auch durch den Wald.

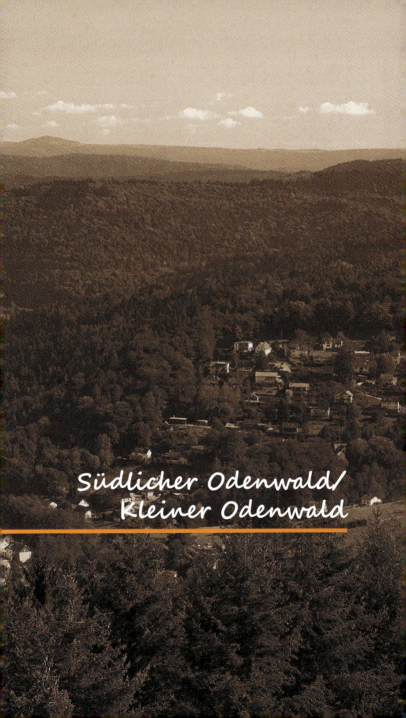

Südlicher Odenwald/ Kleiner Odenwald

TOUR 10 — Südlicher Odenwald/Kleiner Odenwald

Durch das Eiterbachtal in den Wald

10

In den Odenwald nach Heiligkreuzsteinach

- 🕐 3 ¼ Std.
- ↦ 11,4 km
- ▲ 290 Hm

✝ Heiligkreuzsteinach – Emigtal – Campingplatz Eiterbach – Gelenk – Wiesenweg – Ruine Waldeck – Heiligkreuzsteinach

👟 Die Wanderung führt mit einigen strengen Anstiegen auf meist festen Wegen durch den Wald.

📷 Heiligkreuzsteinach, Wald

🍴 🏠 Gaststätte Burg Waldeck, Stiefelhütte

Fachwerkpracht in Heiligkreuzsteinach.

Bei dieser Wanderung geht es durch die dichten Wälder des Odenwalds. Nach einer eher flachen Einleitung der Tour steigen wir streng bergauf, was uns nach dem Wendepunkt eine Bergabwanderung beschert. Durch ein idyllisches Wiesental geht es dann zur Ruine Waldeck und zurück nach Heiligkreuzsteinach, wo wir uns im Ort die Fachwerkhäuser und Kirchen ansehen können. Unterwegs bietet uns der Odenwald wie so oft kleine idyllische Szenen mit Totholz, Farnen, Moos und anderen Pflanzen.

Wir folgen vom **Parkplatz** ❷ in Heiligkreuzsteinach dem Emigtal, als Zeichen orientieren wir uns vorerst an der H1. Es geht in den Wald hinein bis zu einer **Verzweigung** ❷ oberhalb der im Tal stehenden Häusern; hier nehmen wir den linken Schotterweg. Nach einer Weile kommen wir in eine Wohnstraße (Talweg), der wir geradeaus folgen. Am querenden **Kaltenbrunnenweg** ❸ geht es etwas nach links versetzt in Gehrichtung weiter. Vor einem **Fachwerkhaus** ❹ beim Campingplatz biegen wir links ab.

Wir gehen links des Campingplatzes bergauf und bald in den Wald hinein. An einer Kreuzung halten wir uns links,

Durch das Eiterbachtal in den Wald

Ein wild rauschender Bach ist immer ein erfrischender Anblick.

wo später zwei Wege rechts abgehen. Gleich danach werden wir noch einmal nach rechts verwiesen. Nun steigt der Pfad für eine Weile steil an. Nachdem er wieder flacher geworden ist, treffen wir auf einen asphaltierten breiten Weg. Ihm folgen wir nach rechts. Er bringt uns zur **Hohenöder Höhe/Gelenk** ❺. Hier biegen wir rechts ab, nun folgen wir dem Weg H3.

Burg Waldeck

Die Burg wurde von den edelfreien Herren von Strahlenberg erbaut. Sie wurden von der zweiten Hälfte des 12. bis zum Beginn des 15. Jahrhunderts genannt. Die Burg hatte im Laufe der Jahrhunderte verschiedene Besitzer und war in dieser Zeit auch verpfändet worden. Da der Verwalter (Keller) der Kurpfalz später seinen Amtssitz auf der Burg Waldeck hatte, wurde das Gebiet nunmehr als die »Kellerei Waldeck« bezeichnet. Zu Beginn des Dreißigjährigen Krieges wurde die Anlage zerstört. Die Anlage war von einer unregelmäßigen polygonalen Ringmauer von etwa 1,80 bis 2,20 Meter Dicke umgeben gewesen. Heute sind nur noch Reste von zwei Flankierungstürmen erhalten.

TOUR 10 — Südlicher Odenwald/Kleiner Odenwald

INFOS

Wander- und Radwanderkarte 12 Heidelberg Neckartal-Odenwald, 1 : 20 000, Geo-Naturpark Bergstraße Odenwald und Naturpark Neckartal-Odenwald; Freizeitkarte F513 Mannheim Heidelberg, 1 : 50 000, Landesamt für Geoinformation und Landentwicklung Baden-Württemberg (LGL)

www.naturpark-neckartal-odenwald.de; www.tg-odenwald.de; www.heiligkreuzsteinach.de

Bahn bis Heidelberg, Bus bis Heiligkreuzsteinach Marktplatz

Heiligkreuzsteinach, Wanderparkplatz am Ende des Emigtalwegs, GPS 49.488724, 8.803079

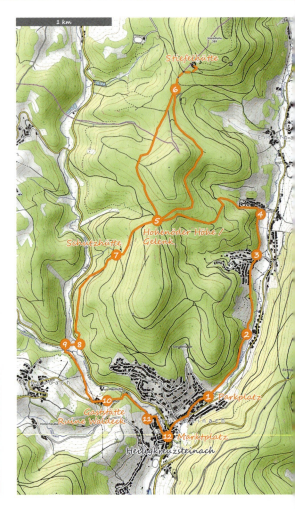

An der Verzweigung **Heidenberg (Süd)** (469 m) halten wir uns links. Gleich darauf erreichen wir das Schild **Heidenberg (Nord)** (474 m) ❻. Wer zur **Stiefelhütte** möchte, macht hier nach rechts einen Abstecher (hin und zurück etwa 1 km). Man sollte sich aber vorher erkundigen, ob sie geöffnet hat (www.stiefelhuette.de).

Danach kehrt man hierher zurück. Ansonsten biegen wir gleich links ab. Nun halten wir uns an das Zeichen blauer Strich in Richtung »Heiligkreuzsteinach«. Auf dieses Zei-

Durch das Eiterbachtal in den Wald

chen achten wir nun gut. An einer Verzweigung werden wir auf den linken, unbefestigten Weg verwiesen. Später geht es nach einem Stück bergauf an der Kreuzung bei einer Linkskurve geradeaus weiter. Nach einiger Zeit sehen wir links die bekannte Kreuzung **Hohenöder Höhe/Gelenk** ❺, auch hier behalten wir unsere Richtung bei.

Vor einer Linkskurve zweigt der markierte Wanderweg links ab, wir gehen aber geradeaus und bergab weiter. Etwas später steht vor einer kleinen **Schutzhütte** ❼ ein Stein, der daran erinnert, dass hier bis 1840 der Bauernhof Hohenöd gestanden hat.

Danach folgen wir dem zweiten links abgehenden Weg (2), der uns hinab zum Wanderparkplatz Rehdelle bringt. Wer ihn verpasst, stößt etwas später auf die Straße, der man nach links folgt. Auch vom Wanderparkplatz aus gehen wir etwas nach links, dann biegen wir rechts ❽ ab in Richtung »Lampenhain«.

Kurz danach halten wir uns links, unser Weg führt uns in den **Wiesenweg** ❾. Vorbei an zwei Häusern wandern wir nun durch ein idyllisches Wiesental. Bald aber geht es hinauf, wo wir an einer **Bushaltestelle** links abzweigen in Richtung »Ruine Waldeck«. Kurz darauf stoßen wir auch schon auf die **Gaststätte Burg Waldeck** ❿, die Ruine liegt hinter ihr.

Unser Weg führt als schmaler Pfad rechts der Gaststätte weiter. Es geht steil hinab zur Straße, dahinter im Mühlweg weiter nach **Heiligkreuzsteinach**. Nach **Haus Nr. 20** ⓫ gehen wir nach links auf einem schmalen Weg hinab zur Straße. Dort halten wir uns rechts und spazieren durch den Ort bis zum **Marktplatz** ⓬. Hier biegen wir an der evangelischen Kirche links ab in die Weinheimer Straße. Etwas später orientieren wir uns an der Linkskurve rechts in die Eiterbachstraße. Ihr folgen wir, bis links der Emigtalweg abzweigt. Er bringt uns zu unserem **Ausgangspunkt** zurück.

Kleine Schutzhütte im Wald.

Der Odenwälder Wanderachter   11

Von Aussichtsturm zu Aussichtsturm

- 2 ¼ Std.

- 7,7 / 2,3 km

- 110 / 30 Hm

Wanderparkplatz – Teltschik-Turm – Wanderparkplatz – Rauhe Buche – Restaurant/Aussichtsturm Weißer Stein – Wanderparkplatz

Wir wandern vorwiegend auf festen Wegen, nur ein Stück ist unbefestigt. Man kann beide Teile getrennt erwandern; die Strecke zum Aussichtsturm Weißer Stein kann dreimal abgekürzt werden.

Wald, Aussichtstürme, Blick von den Aussichtstürmen

Höhengaststätte zum Weißen Stein

Zwei Aussichtstürme dicht beieinander, wo gibt es denn sowas? Wir besuchen die beiden Türme im westlichen Odenwald, die zwischen Heidelberg, Wilhelmsfeld, Dossenheim und Schriesheim liegen, wobei wir zu beiden auch eine separate Tour machen können. Der Teltschik-Turm ist der höhere der beiden und bietet die bessere Aussicht, zudem ist er ein spektakuläres Bauwerk. Zum anderen Turm wandern wir etwas länger, aber durch einen schönen, naturnahen Wald. Außerdem können wir dort einkehren.

Wir starten auf dem **Wanderparkplatz Langer Kirschbaum** ❶ zwischen Ziegelhausen und Wilhelmsfeld, einem richtigen Wanderdrehkreuz. Es gibt beiderseits der Straße Parkmöglichkeiten; da wir auf beiden Seiten wandern, ist es egal, wo wir parken. Auch eine Bushaltestelle liegt direkt bei den Parkplätzen.

Wir unternehmen die Wanderung in Form eines Achters, wobei man nach jedem Turm zum Parkplatz zurückkehrt. So könnte man die Tour auch in zwei Teile aufteilen und jeden Turm separat besuchen.

Zuerst gehen wir zum Teltschik-Turm. Dazu starten wir am **Parkplatz östlich der L 596**. Wir nehmen den Weg,

Teltschik-Turm

Der auf der Gemarkung Wilhelmsfeld auf dem Schriesheimer Kopf (529 m) stehende Teltschik-Turm wurde als luftige Holzkonstruktion erbaut. Stifter waren Dr. Walter und Dr. Karin Teltschik, Bauherr jedoch die Gemeinde Wilhelmsfeld. Der Turm soll nicht nur ein weithin sichtbares Wahrzeichen für die Gemeinde Wilhelmsfeld sein, er soll auch an die frühere Heimat der Familie Teltschik im Sudetenland erinnern. Die Baugenehmigung wurde Ende 2000 erteilt. Der Turm besitzt auf 35 Metern Höhe eine Aussichtsplattform. Von ihr aus hat man eine weite Rundumsicht: Im Süden sieht man den Königstuhl, im Osten den Katzenbuckel inmitten der Odenwaldberge, im Norden Eichelberg, Tromm, Krehberg und Melibokus, im Westen Ölberg und Hohe Waid und dahinter die Rheinebene mit den Pfälzer Bergen am Horizont. Die Tragekonstruktion und die Verstrebungen des Turmes bestehen aus Lärchenholz. Das Dach über der Aussichtsplattform ist mit OSB Platten abgedeckt und mit einem Kupferblechdach versehen.

der gleich nach der Landstraße und parallel zu ihr nach links wegführt. Auf ihm wandern wir ein Stück fast eben bis zu einer **Verzweigung** ❷. Hier halten wir uns an den rechts abgehenden Weg, der mit dem grünen x (Europäischer Fernwanderweg Nr. 1) markiert ist. Er steigt leicht an und beschreibt eine Rechtskurve. An einer **Dreiergabelung** ❸ nehmen wir den nach rechts ansteigenden Weg und stehen kurz darauf vor dem **Teltschik-Turm** ❹.

Nach einer Besteigung und vielleicht einer kleinen Rast wandern wir eben weiter. Wir stoßen auf einen querenden Weg und den **Wegweiser Langer Kirschbaum (Osten)** (524 m) ❺. Hier biegen wir rechts ab und gehen hinab zu den **Parkplätzen** und der Landstraße.

Zum zweiten Aussichtsturm starten wir auf dem **westlichen Parkplatz**. Hier nehmen wir am Wegweiser **Langer Kirschbaum (Westen)** den nach links abgehenden Weg in Richtung »Restaurant Weißer Stein«. Er führt uns links am Dossenheimer Kopf vorbei. Kurz danach kommen wir zu einem **Rastplatz** ❻, der mit geschnitzten Wildschweinen verziert ist.

Blick vom Teltschik-Turm zur Oberrheinebene – nicht nur bei strahlend blauem Himmel beeindruckend.

Wir folgen immer dem eben weiterführenden Weg. Nach einem **Gedenkstein** zu einem Unglück bei der Holzarbeit von 1951 kommen wir zu einer kleinen **Schutzhütte**. Danach stoßen wir auf eine **Kreuzung** ❼. Wir kommen später auf dem zweiten Weg von links wieder zurück. Jetzt gehen wir aber auf dem Asphaltweg geradeaus weiter.

Nach einiger Zeit wird man zum Restaurant nach rechts ❽ verwiesen; dies ist die erste Abkürzungsmöglichkeit. Wenn man weiter wandert, quert bei einem **steinernen Wegweiser** Weg Nr. 10 ❾; auch hier kann man nach rechts hinauf zum Restaurant gehen, das Gebäude ist bereits zu sehen. Etwas später kann man alternativ an einer **Verzweigung** ❿ nach rechts gehen; es ist die dritte Abkürzungsmöglichkeit.

Noch ein paar Minuten weiter und wir erreichen die Kreuzung **Rauhe Buche** ⓫. Hier finden wir einen interessanten steinernen Wegweiser, der u.a. die Jahreszahl 1909 und die Höhe 515 m trägt. Jetzt biegen wir mit dem Wanderzeichen roter Strich scharf rechts ab.

Abenteuerwald

Ein Schild weist hier auf den Beginn des Weges durch den Abenteuerwald hin. Wer ihn »mitnehmen« will, folgt dem abwärts führenden Weg. Er trifft später wieder auf den »normalen« Wanderweg. Unterwegs finden Kinder Figuren aus Holz und Stein. Der Kindererlebnispfad wurde von der Forstabteilung der Stadt Heidelberg konzipiert und 2002 und 2003 errichtet. Hier können Kinder auf den naturbelassenen Wegen ihre Geschicklichkeit trainieren und ihre Sinne schärfen, denn sie können mit Augen und Ohren und durch Tasten und Fühlen die Welt neu wahrnehmen. Themen des Weges sind u.a. Wasser, Pflanzen, Insekten, Amphibien und Boden.

TOUR 11 — Südlicher Odenwald/Kleiner Odenwald

INFOS

Wander- und Radwanderkarte 12 Heidelberg Neckartal-Odenwald, 1 : 20 000, Geo-Naturpark Bergstraße Odenwald und Naturpark Neckartal-Odenwald, Freizeitkarte F513 Mannheim Heidelberg, 1 : 50 000, Landesamt für Geoinformation und Landentwicklung Baden-Württemberg (LGL)

www.geo-naturpark.net;
www.naturpark-neckartal-odenwald.de;
www.dossenheim.de;
www.wilhelmsfeld.de;
www.teltschik.de;
www.zum-weissen-stein.eu

Bahn bis Heidelberg, Bus bis Haltestelle Langer Kirschbaum

Heidelberg, L 596, Wanderparkplatz Langer Kirschbaum, GPS 49.459022, 8.751179

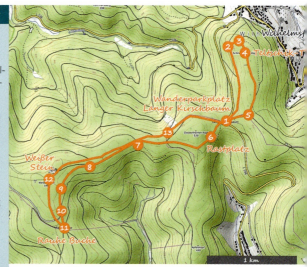

Es steigt ein wenig an und kurz darauf sind wir auf dem Dossenheimer Hausberg Weißer Stein mit der gleichnamigen **Höhengaststätte Zum Weißen Stein**; links daneben steht der zweite **Aussichtsturm** 12 dieser Wanderung.

Danach wandern wir hinter dem Restaurant mit dem roten Strich nach rechts weiter. Nach dem **Fernmeldeturm** stoßen wir auf eine **Schranke**. Hinter ihr nehmen wir an der Verzweigung den linken Weg. Ab jetzt sehen wir immer wieder alte Grenzsteine mit der Jahreszahl 1790. Der Weg bringt uns zu der **Kreuzung** 7 bei der kleinen Schutzhütte. Jetzt gehen wir links an ihr vorbei.

Kurz nach einem von links einmündenden Weg zweigt rechts ein **Naturweg** 13 ab. Auf ihm wandern wir weiter. Er bringt uns zu einem festen Forstweg. Ihm folgen wir in Gehrichtung, nun links am Dossenheimer Kopf vorbei, zurück zum **Ausgangspunkt**.

Aussichtsturm auf dem Weißen Stein

Der auf Dossenheimer Markung stehende Aussichtsturm auf dem 548 m hohen Weißen Stein wurde als rustikales Bauwerk im Stil der Zeit aus rotem Sandstein erbaut. Der 23 m hohe Turm trägt die Inschrift »Nach 55 Jahren der Regierung Großherzog Friedrich erbaut vom Odenwaldclub Section Heidelberg 1906« und wurde in nur vier Monaten errichtet. Heute steht er unter Denkmalschutz. Wenn man ihn besteigt, sieht man oben vor allem Wald, nur an zwei Stellen gibt es durch eine Lücke einen Blick in die Ferne, da die einst umfassende Aussicht heute bis auf diese zwei Stellen zugewachsen ist. Er wird von einem auf 12 Pfeilern ruhenden Dach umfasst, unter dem man sich bei schlechtem Wetter unterstellen kann. Die nach allen Himmelsrichtungen verglaste Aussichtsplattform erreicht man über 106 Treppenstufen. Der heutige Turm hatte einen Vorgänger, einen Holzturm; dieser bestand aber nur 16 Jahre (1887–1903).

TOUR 12 — Südlicher Odenwald/Kleiner Odenwald

Unterhaltsam für Kinder   12
Von Neckargemünd auf den Sinnenpfad

- 2 ¼ Std.
- 8,5 km
- 190 Hm

Neckargemünd – Sinnenpfad – Neckarriedkopf – Sinnenpfad – durch den Wald – Neckargemünd

Wir wandern durchgehend auf geschotterten Forstwegen, in der ersten Hälfte mit moderatem Anstieg.

Stationen des Sinnenpfads, Altstadt Neckargemünd

Riedkopfhütte, Neckargemünd

Zweieinhalb Stunden beste Kinderunterhaltung – der Traum aller Eltern. Und das ohne Fernsehen und Handygedaddel! Der Sinnenpfad bei Neckargemünd bietet für Kinder allerlei Unterhaltsames und Lehrreiches. Übrigens werden die Stationen sicher auch Erwachsenen gefallen. Die Tour auf dem Sinnenpfad führt erst hinauf auf die Höhe, wo man einen Abstecher zu einem Aussichtspunkt mit Einkehrgelegenheit machen kann, dann geht es an weiteren Stationen vorbei zum Ende des Sinnenpfads. Der Rückweg verläuft dann, leider ohne die unterhaltsamen Stationen, durch einen schönen Wald.

Geschnitzte Fabelwesen finden Kinder immer spannend.

Am Ende der Alten Bammentaler Straße befindet sich der **Parkplatz für den Sinnenpfad** ❶, auf den man schon bei der Anfahrt hingewiesen wird. In Verlängerung der Zufahrtsstraße folgen wir dem Weg weiter. Bei der nächsten Gelegenheit werden wir nach rechts verwiesen, nun steigt der Weg vorerst immer an. Bald treffen wir schon auf die erste Station.

Danach sehen wir die **Räuberschanze** ❷. Auf dem hier links abgehenden Weg kommen wir am Schluss wieder zurück. Nun folgt im Anstieg Station auf Station, alle sind ausführlich erklärt. Wir bleiben immer auf dem breiten Forstweg und ignorieren die rechts und links abgehenden Pfade und Wege.

Von den Stationen sind vielleicht für Kinder am interessantesten die Neckarriedkopf-Nordwand mit Gipfelkreuz und kleiner Klettermöglichkeit, danach die Kunst im Wald, bei der man sogar mitgestalten kann, und anschließend der witzige Gnomengarten. Nach der Balancierstange sind wir am Wanderschild **Oberer Melacpass** (240 m) ❸ angelangt.

Hier können wir nach links einen Abstecher zur Neckarriedkopfhütte machen. Gleich an der Abzweigung liegt links die Station Wood-Stone, eine kreisförmige Ansammlung von großen Steinen, die zum Sitzen einladen. Stuhlkreiserfahrenen Eltern und Kindern werden hier wohl Situationen aus dem Alltagsleben in den Kopf kommen. Der Weg teilt sich bald, wir gehen mit der Wegnummer 8 auf

Blick auf Dilsberg vom Aussichtspunkt bei der Neckarriedkopfhütte.

TOUR 12

Südlicher Odenwald/Kleiner Odenwald

INFOS

Wander- und Radwanderkarte 12 Heidelberg Neckartal-Odenwald, 1 : 20 000, Geo-Naturpark Bergstraße Odenwald und Naturpark Neckartal-Odenwald, Freizeitkarte F513 Mannheim Heidelberg, 1 : 50 000, Landesamt für Geoinformation und Landentwicklung Baden-Württemberg (LGL)

www.naturpark-neckartal-odenwald.de;
www.tg-odenwald.de;
www.neckargemuend.de;
www.neckarriedkopfhuette.de

Bahn

Neckargemünd, Alter Friedhof, Alter Bammentaler Weg, GPS 49.389748, 8.795273

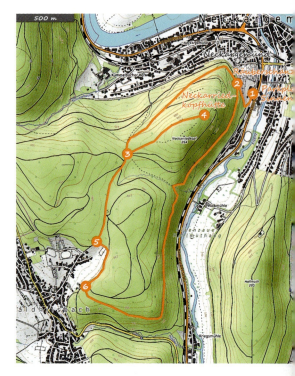

dem linken Fischreiherweg weiter. Bald erreichen wir die **Neckarriedkopfhütte** ❹, die sich unter einem Sendemast befindet (Öffnungszeiten: Fr, Sa, So, Fei). Als Aussicht wird hier der Blick über den Wald nach Dilsberg geboten.

Danach gehen wir zurück und biegen links ab. Nach der Langen Bank verzweigt sich der Weg, wir nehmen immer den mittleren, geradeaus führenden Weg, die mit den Zeichen N und 9 markierte Waldhilsbacher Straße.

Weitere interessante Stationen folgen, bis wir schließlich den **Waldrand** ❺ erreichen. Hier biegen wir links ab und wandern zwischen Waldrand und Wiesenfläche zum nächsten Waldrand. Dort biegen wir rechts ab. Nach ein paar Minuten nehmen wir den zweiten, links abgehenden **Mittleren Bachhangweg** ❻, der mit der Nummer 9 bezeichnet ist. Er schlängelt sich immer im Wald am Hang entlang und bringt uns schließlich zur bekannten **Räuberschanze** ❷. Nach rechts gehen wir nun auf bekanntem Weg zurück zum **Ausgangspunkt**.

Unterhaltsam für Kinder

Die Stationen des Sinnenpfads

1. Höhenunterschiede und Entfernungen
2. Düfte erraten
3. Sichtweisen
4. Tastsinn
5. Neckarriedkopf-Nordwand
6. Achtsamkeit
7. Kunst im Wald
8. Gnom-Garten
9. Balancierstamm
10. Wood-Stone
11. Lange Bank
12. Summstein
13. Klangspiel
14. Träumerliegen
15. Baumtelefon
16. Barfußweg
17. Hörrohr
18. Infotafel Auswanderer

TOUR 13 — Südlicher Odenwald/Kleiner Odenwald

Auf dem Talblickweg

Rund um Allemühl

13

- 2 ½ Std.
- 9,2 km
- 230 Hm

Allemühl –
August-Rumm-
Gedächtnisruh –
Alwine-Kreuz –
L 595 –Talblick
Zollerwald – Talblick
Kleiner Heiselberg –
Agathebrünndl –
Talblick Großer Heiselberg – Allemühl

Die Wanderung verläuft meist auf guten Forstwegen, kurze Stücke auch auf Pfaden. Da er nicht durchgängig gut markiert ist, manchmal auch gar nicht, und auch die empfohlenen Apps nicht weiterhelfen, weil die Wege in ihnen teilweise nicht aufgenommen sind, ist erhöhte Aufmerksamkeit gefordert. Zudem ist ein bisschen pfadfinderisches Geschick beim Wegsuchen …

Wir wandern bei dieser Tour zwar meist im Wald, kommen aber von verschiedenen Richtungen immer so geschickt ins Freie, dass sich uns ein schöner Blick von oben auf das kleine Allemühl, das recht geborgen im Tal zwischen dichten Wäldern liegt, bietet. Der Ortsname erklärt sich aus der Vergangenheit, hat es hier doch einmal sieben Mühlen gegeben.

Wir folgen mit der Wegnummer 3 vom **Dorfplatz** ❶ an der Durchgangsstraße nach Süden, wo wir bald an der Schule rechts in die Scheffelstraße einmünden. Sie bringt uns hinauf zum Waldrand, wo wir den ersten ausgeschilderten Blick auf das Dorf, die **August-Rumm-Gedächtnisruh**, finden. Danach geht es im Wald hinauf zu einem querenden breiten Forstweg. Ihm folgen wir nach links.

Bald überqueren wir die nach Moosbrunn führende **Straße** ❷. Wer auf dem Ausweichparkplatz geparkt hat, kommt hier von rechts herunter gewandert. Wir folgen auf der anderen Straßenseite weiter dem Forstweg. Bald sehen wir rechts des Weges ein kleines Steinkreuz, das **Alwine-Kreuz** für Alwine Beisel. Etwas später treffen wir auf die

Auf dem Talblickweg

Straße ❸. Auf ihr gehen wir kurz nach links abwärts, dann zweigen wir auf den rechts abgehenden Weg ab.

Er bringt uns zu einem asphaltierten Weg. Hier gehen wir nach rechts über den Bach und danach nach links weiter bergab. Am Waldrand treffen wir auf die ersten Häuser von Allemühl. Nach dem mit einer Freitreppe versehenen ersten **Haus** ❹ halten wir uns rechts. Bald wandern wir entlang des Waldrands und kommen zum **Talblick Allemühl von Westen** ›Zollerwald‹.

Danach am Wasserbehälter müssen wir aufpassen, da hier keine Markierung mehr zu sehen ist: Nach ihm biegen wir rechts ❺ ab, folgen aber im Wald nicht dem nach links ziehenden Weg, sondern dem schmalen Pfad, der nach rechts steil ansteigt. Mit einem weiten Linksbogen bringt er uns schließlich hinauf zu einem breiten **Forstweg** ❻. Auf ihm wandern wir, nun mäßig ansteigend, nach links. An einem Asphaltweg halten wir uns links, an der nächsten Verzweigung folgen wir dem nach links ansteigenden Weg.

Wo **zwei Wege** rechts abgehen, biegen wir scharf links ab ❼. Den ersten rechts abgehenden Pfad (hier tragen verschiedene Bäume rote Streifen) ignorieren wir, danach weist uns aber die 3 auf einen rechts abgehenden Pfad. Auf ihm wandern wir nun bergab. Etwas später weisen Schilder da-

... angebracht. Sehr nützlich ist auf jeden Fall die empfohlene Wanderkarte; der Weg ist dort mit der Nummer 3 markiert.

Ausblicke auf das Dorf

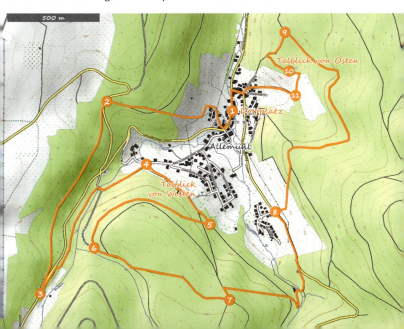

TOUR 13
Südlicher Odenwald/Kleiner Odenwald

INFOS

Wander- und Radwanderkarte 17 Kleiner Odenwald, 1 : 20 000, Geo-Naturpark Bergstraße-Odenwald und Naturpark Neckartal-Odenwald; Freizeitkarte F513 Mannheim Heidelberg, 1 : 50 000, Landesamt für Geoinformation und Landentwicklung Baden-Württemberg (LGL)

🌐
www.naturpark-neckartal-odenwald.de;
www.tg-odenwald.de;
www.gemeinde-schoenbrunn.de

S-Bahn bis Eberbach, Bus nach Allemühl

Schönbrunn-Allemühl, Dorfplatz, an der L 595, GPS 49.426600, 8.956712

Falls der Parkplatz geschlossen sein sollte, findet man einen Wanderparkplatz, wenn man auf der L 595 in Richtung Schönbrunn fährt. Nach etwas Anstieg folgen wir der ...

rauf hin, dass wir einen Bogenschieß-Parcours durchqueren. Sollte man bemerken, dass hier Betrieb herrscht, ist äußerste Vorsicht geboten, evtl. macht man auch auf sich aufmerksam.

Wir queren einen Forstweg und folgen weiter dem abwärts führenden Pfad. Mit einem Linksbogen bringt er uns zu einem **Gebäude**. Nach ihm steigen wir hinauf zur Straße K 4108. Auf ihr wandern wir etwas abwärts auf Allemühl zu. Nach dem **Ortsschild** ❽ geht es nach rechts hinauf zum Waldrand und dort nach links weiter. Hier treffen wir auf den **Talblick Allemühl von Süden ›Kleiner Heiserberg‹**. Etwas später zweigen wir rechts auf den etwas ansteigenden Pfad ab. Er bringt uns zu einem breiten Forstweg.

Ihm folgen wir nach links. Er beschreibt eine Rechts-, dann zwei Linkskurven. Nach der zweiten liegt links das »**Agathebrünndl 1975**«. Kurz danach weist uns die »3« nach links bergab ❾. Kurz vor Waldende müssen wir scharf links abzweigen. Nach kurzem Bergauf geht es zwischen Waldrand und Wiese zum **Talblick Allemühl von Osten ›Großer Heiserberg‹** ❿.

Wir gehen geradeaus über die Wiese bis zu einem Asphaltweg. Auf ihm spazieren wir nach rechts hinab nach **Allemühl**. An einem **Brunnen** halten wir uns rechts zur Durchgangsstraße. Sie bringt uns nach links zurück zum **Dorfplatz**.

… rechts abzweigenden Straße in Richtung Moosbrunn. An der ausgeprägten Linkskurve liegt rechts ein Wanderparkplatz. Von ihm aus geht man ein Stück auf der Straße zurück, bis der mit der Nr. 3 markierte Wanderweg kreuzt. Ihm folgt man nach rechts.

Von verschiedenen Punkten der Wanderung bietet sich ein prächtiger Blick auf Allemühl.

TOUR 14 — Südlicher Odenwald/Kleiner Odenwald

Klosterkirche und Erinnerungen an die Römer   14

Von Lobenfeld in den Wald

- 3 ¼ Std.
- 12,7 km
- 200 Hm

Lobenfeld – Bachlehrpfad – Waldwimmersbach – Römerbrunnen – Spechbach – Lobenfeld

Die Wanderung verläuft auf festen und Naturwegen.

Blicke über die Landschaft, Wald, Klosterkirche

Lobenfeld

Diese Wandertour im Kleinen Odenwald beginnt bei der Klosterkirche von Lobenfeld. Von dort aus folgen wir zuerst dem idyllischen Lobbach auf einem Bachlehrpfad, bei dem es einige interessante Tafeln zu lesen gibt. Von Waldwimmersbach aus geht es noch ein Stück hinauf, bevor wir den höchsten Punkt der Tour erreicht haben. Nun wandern wir im Wald bis Spechbach, danach auf einer nicht umsonst »Himmelsleiter« genannten Treppe wieder hinab zum Ausgangspunkt.

rechts: Abstieg auf der steilen Himmelsleiter.

Wir gehen vom Parkplatz bei der **Klosterkirche in Lobenfeld** ❶ zur Treppe, die zum Kircheneingang führt. Dort steht an der querenden Straße das Wanderschild **Kloster Lobenfeld** (178 m). Hier biegen wir links ab und verlassen bald das Klosterareal durch einen Tordurchlass eines Hauses. Danach biegen wir rechts ab und halten uns gleich wieder rechts in den Sportplatzweg. Er bringt uns zu den Fußballplätzen. Wir gehen am Schild **Sportplatz** (174 m) rechts am Fußballplatz vorbei und biegen nach ihm links ab.

Nun kommen wir zum Schild **Lobbachbrücke** ❷ (173 m). Hier überqueren wir den **Bach**. Auf dem Rückweg kommen

Klosterkirche und Erinnerungen an die Römer

Klosterkirche Lobenfeld

Das 1145 auf staufischem Grund gegründete Frauenkloster Lobenfeld weist eine reiche Geschichte auf. Der an elsässische Baukunst erinnernde romanische Ostteil der Kirche geht auf die Zeit 1180/1190 zurück; es handelt sich, abgesehen vom Kloster Maulbronn, um den einzigen romanischen Sakralbau im Kraichgau. Das einst den Augustinern gehörende Kloster ging vermutlich im 13. Jahrhundert an die Zisterzienser, später an die Benediktiner über. In dieser Zeit wurde auch das einschiffige Langhaus errichtet. 1556 wurde das Kloster wie die übrigen in der Pfalz aufgehoben, im Dreißigjährigen Krieg unterstand es zeitweise den Jesuiten, dann den englischen Sabbatariern. 1705 kam es an die Protestanten, ab 1883 sind Mennoniten als Pächter der Klostergüter nachweisbar. Ab Anfang des 19. Jahrhunderts wurde das Langhaus rund 170 Jahre lang als Stall, Scheune und Tabaktrockenraum genutzt. Die romanischen und gotischen Fresken,

die seltene Szenen aus der Martinslegende abbilden, wurden vom 13. bis 16. Jahrhundert geschaffen. Die Kapitelle weisen reiche Ornamente auf. Der Christophorus stammt von etwa 1320, das Jüngste Gericht ist jedoch etwas jünger. Der Orgelprospekt wurde um 1773 von Johann Heinrich Dickel geschaffen.

Klosterkirche und Erinnerungen an die Römer

wir hier von rechts hergewandert, jetzt biegen wir aber gleich nach der Brücke links auf einen unbefestigten und unmarkierten Pfad ab. Immer parallel zum Bach wandern wir erst durch den Wald, danach geht es auf einem breiteren Weg zur Straße. Wir überqueren den Lobbach wieder und biegen gleich nach der **Brücke** ❸ rechts auf einen schmalen Weg ab. Kurz darauf halten wir uns nach **Haus Nr. 15** rechts.

Am Römerbrunnen stehen Informationstafeln zur Geschichte.

Bald wandern wir rechts der Häuser durch Wiesen. Nach einer Weile zieht der Weg nach links zu den Häusern. Dort biegen wir rechts in die Klosterstraße ein. An der **Verzweigung** ❹ kurz darauf nehmen wir den linken Weg, der als Naturlehrweg Lobbachtal angezeigt ist.

Wir wandern nun zwischen Feldern und Streuobstwiesen, später im Wald. Der Lobbach fließt immer rechts von uns und ab und zu kommen wir an Informationstafeln des Lehrwegs vorbei, außerdem am Schild **Verbindungsweg** (194 m). Nach einem kleinen Kruzifix und einer hölzernen **Schutzhütte** verlassen wir den Wald und kommen nach **Waldwimmersbach**.

An der ersten Kreuzung biegen wir rechts ab in den **Mühlweg** ❺. Wir überqueren kurz danach den Bach, dann geht es auf einem Pfad nach rechts hinauf zu einem breiten Querweg. Ihm folgen wir nach links. Wir wandern erst durch den Wald, dann am Ortsrand entlang, dann vorbei am Schild **Lobbachweg** (219 m) zur Hauptstraße ❻. Hier biegen wir rechts ab und folgen ihr eine Weile.

Schließlich erreichen wir das Schild **Am Hackenberg** (225 m) ❼, wo wir rechts abzweigen. Nun steigt unser Weg etwas steiler an. Wir verlassen den Ort und kommen nach einer Rechtskurve zu einem querenden Weg und dem Schild **Betonweg** (274 m) ❽. Hier biegen wir links ab. Am nächsten Querweg halten wir uns mit dem Zeichen V nach rechts zum **Waldrand**. Im Wald steigt es an bis zum Schild **Jagdhütte** (273 m) ❾, die Hütte sehen wir links daneben.

TOUR 14 — Südlicher Odenwald/Kleiner Odenwald

Wir biegen links ab in den Hauptweg. Ihm folgen wir nun eine ganze Weile, bis an einer **Verzweigung** der mit Nr. 2 markierte Weg im rechten Winkel rechts abgeht. Auf ihm wandern wir bald wieder ein bisschen bergab. Wir kommen an der pavillonartigen **Drei-Eichen-Hütte** vorbei, danach an einer Informationstafel zu Römerstraßen; auf einem der hier liegenden großen Steine ist VIA ROMANA eingeschlagen. Etwas später quert ein Weg. Hinter ihm sehen wir den sogenannten **Römerbrunnen** 10, eine Quelle, die ihre Bezeichnung nicht wegen eines tatsächlich römischen Brunnens erhalten hat, sondern im Volksmund so genannt wurde. Dabei stehen Informationstafeln zu Römischen Funden bei Spechbach, Römerbrunnen und Römerstraße.

Nun biegen wir rechts ab. Der Weg fällt ab bis zu einer großen **Lichtung** 11. Hier folgen wir am Schild **Spechklinge** (269 m) dem nach links abgehenden Weg. An ihm entlang stehen zahlreiche Tafeln des WaldSinnPfads. Auf ihm gehen wir bis zu einem Querweg, wo wir am Schild **Alte Gab** (274 m) 12 rechts abbiegen in den Steinklingenweg.

Er bringt uns zum Waldrand, wo wir einen **Rastplatz** 13 mit Tisch und Bänken sehen. Dahinter wandern wir auf dem Sträßchen nach links nach Spechbach hinein. Im Ort biegen wir links in die Wingertsteige ab, dann gleich nach **Haus Nr. 2** halten wir uns rechts in den Feldweg. An

Um die Klosterkirche Lobenfeld stehen noch weitere Gebäude, die zum Kloster gehörten.

Klosterkirche und Erinnerungen an die Römer

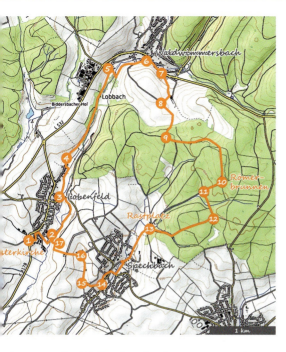

INFOS

Wander- und Radwanderkarte 17 Kleiner Odenwald, 1 : 20 000, Geo-Naturpark Bergstraße-Odenwald und Naturpark Neckartal-Odenwald; Freizeitkarte F513 Mannheim Heidelberg, 1 : 50 000, Landesamt für Geoinformation und Landentwicklung Baden-Württemberg (LGL)

www.naturpark-neckartal-odenwald.de;
www.lobbach.de

S-Bahn bis Meckesheim, weiter mit dem Bus

Lobbach-Lobenfeld, Klosterkirche, Klosterstraße, GPS 49.350732, 8.866606

der querenden Wolfstraße orientieren wir uns rechts zur Hauptstraße. Am Schild **Hauptstraße** (189 m) halten wir uns links, zweigen aber gleich rechts ab zu den Kirchen. Nach kurzem Anstieg geht es am Schild **Kirchen** (189 m) wieder nach links hinab zur Hauptstraße. Etwas weiter rechts nehmen wir nun die abzweigende **Silcherstraße** 14.

Ihr folgen wir aus dem Ort hinaus. Am **Querweg** 15 in den Feldern nach den Häusern biegen wir rechts ab und wandern zu einer **Häuserzeile** 16. Hier biegen wir links ab und steigen etwas zu einem **Gebäude** hinauf. An diesem gehen wir rechts vorbei – die Klosterkirche ist hinter dem Wald bereits zu sehen – und kommen zum Steilabfall. Dort zieht der Weg nach rechts. Etwas später kommen wir zum Schild **Himmelsleiter** (200 m) 17. Hier gehen wir auf der Treppe nach links hinab. Im Tal biegen wir rechts ab und kommen zur **Lobbachbrücke** 2, die wir am Anfang der Wanderung bereits überquert haben.

Wir überqueren sie und wandern auf bekanntem Weg zurück zum Ausgangspunkt; falls geöffnet, kann man jetzt auch die Klosterkirche besichtigen.

TOUR 15 — Neckartal

Panorama vom Itterberg-Rundweg 15
Von Eberbach in die Höhen des Odenwaldes

- 3 Std.
- 9,9 km
- 350 Hm

Eberbach – Albrecht-von-Göler-Hütte/Itterberg – An der Ruhe – Bauriedhütte – höchster Baum – Eberbach

Die Wanderung verläuft überwiegend auf Forstwegen, dazwischen auf gut zu gehenden Naturpfaden.

Altstadt Eberbach

Eberbach

An der Albrecht-von-Göler-Hütte kann man gut rasten.

Eberbach liegt ja tief im Neckartal, ist aber von den hohen Bergen des Odenwalds umgeben. Wir steigen bei dieser Tour anfangs steil hinauf auf den Itterberg, wandern durch wunderschöne Waldgebiete – in denen wir sogar den höchsten Baum des Odenwalds finden – und haben immer wieder einen prächtigen Blick hinab auf das Städtchen und den Neckar.

Wir gehen vom Parkplatz am **Hohenstaufen-Gymnasium** ❶ kurz nach links. Am Ende der Schule geht rechts die Straße Am Itterberg ab. Auf ihr steigen wir mit dem Wanderzeichen gelbe 1 hinauf; dieses Zeichen begleitet uns während der gesamten Tour.

Nach den Häusern kommen wir in den Wald. Hier geht es steil in Serpentinen hinauf, wobei wir mehrmals einen geschotterten bzw. asphaltierten Forstweg überqueren.

An einem Querweg finden wir kein Zeichen. Hier wandern wir etwas nach rechts versetzt auf dem Pfad weiter hinauf, bis wir auf einen querenden und etwas breiteren

Naturweg treffen. Ihm folgen wir nach rechts; jetzt haben wir vorerst auch unsere Höhe erreicht und es geht nur noch mäßig ansteigend weiter.

Kurz darauf stoßen wir auf die **Albrecht-von-Göler-Hütte** ❷, bei der es auch eine Grillstelle gibt. Hier haben wir die erste herrliche Aussicht auf Eberbach und den Neckar. Hinter der Hütte sehen wir oberhalb einer Fläche einen großen Stein mit der Aufschrift »Itterberg 390 m«. An ihm vorbei führt unser markierter Wanderweg.

Er fällt etwas, dann halten wir uns an einem **querenden Weg** ❸ rechts. Wir wandern eine Weile auf einem breiten Forstweg, bis wir an einer Linkskurve bei einem **steinernen Wegweiser** ❹ nach rechts auf einen Naturweg verwiesen werden. Er bringt uns in rund zehn Minuten zu einer großen Kreuzung mit der Tafel **An der Ruhe (Rondell) 405 m** ❺. Ausruhen können wir hier auch, hat man doch Tisch und Bänke aufgestellt.

Wir wandern auf dem zweiten Weg von rechts ansteigend weiter. Jetzt sind rund 70 weitere Höhenmeter zu

Im Sommer wandert es sich unter dem dichten Blätterdach gut.

bewältigen, allerdings in einem sanfteren Anstieg als zu Beginn der Wanderung.

An einer **Linkskurve** ❻, wo man auch etwas Aussicht über die bewaldeten Höhen des Odenwalds hat, weist uns die gelbe 1 nach rechts. Nun haben wir die höchste Höhe der Tour erreicht, ab jetzt geht es nur noch abwärts. Wir gehen also steil bergab, bis von links ein Weg einmündet. Hier wandern wir nach rechts weiter, vorerst nur noch mäßig abfallend.

Höchster Baum des Odenwalds

Die fast 65 Meter hohe Douglasie galt sogar elf Jahre lang als »höchster Baum Deutschlands«, bis man im Jahr 2008 im Freiburger Wald eine um rund zwei Meter höhere Douglasie fand. Im Odenwald ist sie aber immer noch der höchste Baum.

Blick von der Albrecht-von-Göler-Hütte auf Eberbach und den Neckar.

TOUR 15 — Neckartal

INFOS

Wander- und Radwanderkarte 13 Neckartal-Odenwald, 1 : 20000, Geo-Naturpark Bergstraße-Odenwald und Naturpark Neckartal-Odenwald; Freizeitkarte F517 Stromberg Heuchelberg, 1 : 50000, Landesamt für Geoinformation und Landentwicklung Baden-Württemberg (LGL)

🌐
www.naturparkneckartalodenwald.de;
www.tg-odenwald.de;
www.eberbach.de

Bahn nach Eberbach Bahnhof

Eberbach, Hohenstaufen-Gymnasium, Parallelweg 1, GPS 49.467178, 8.978249

rechts:
Immer wieder sieht man von Aussichtspunkten und Lücken zwischen den Bäumen über die dicht bewaldeten Höhen des Odenwalds.

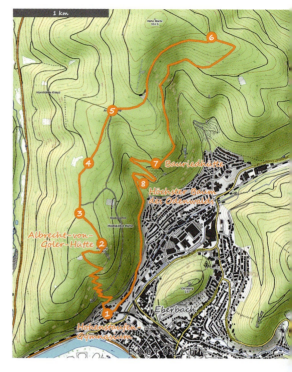

Schließlich erreichen wir die kleine **Bauriedhütte** ❼, einen hölzernen Pavillon. Auch hier laden Tisch und Bänke zur Rast, vor allem haben wir von hier aus den zweiten beeindruckenden Blick auf Eberbach und den Neckar. Danach geht es weiter bergab. Der Weg beschreibt einen ausgeprägten Linksknick, dann eine Rechts- und anschließend eine weitere Linkskurve. Kurz nach dieser weist ein Schild nach links zum »höchsten Baum«. Wer dem Pfad folgt, hat etwas später den **höchsten Baum des Odenwalds** ❽ erreicht. Allerdings ist nur sein unterer Teil zu sehen.

Wir wandern dann auf dem Forstweg weiter bergab. Bald sehen wir links die ebenfalls mächtige Bussemer-Eiche, die nach einer Tafel »Joh. Chr. Bussemer, Bürgermeister von Eberbach 1848–1874« gewidmet ist.

Es geht noch etwas weiter abwärts, bis wir vor den ersten Häusern von Eberbach eine Straße erreichen. Ihr folgen wir nun. An einer Verzweigung bleiben wir links und gehen durch das Wohngebiet zurück zum **Ausgangspunkt**.

Panorama vom Itterberg-Rundweg

Eberbach
am Neckar
Fachwerk und Fluss – Natur und Genuss!

Tourismus-Stadtinformation
dsplatz 1, 69412 Eberbach
6271-87242
6271-87254
nus@eberbach.de

w.eberbach.de

Wandererlebnis in Eberbach und auf dem Neckarsteig

Der Neckarsteig wurde nach den Kriterien des Deutschen Wanderverbandes als „Qualitätsweg Wanderbares Deutschland" zertifiziert.

Damit ist auf allen Streckenabschnitten ein erstklassiges Wandererlebnis garantiert und das Wegeleitsystem macht die Route „unverlaufbar".

Sie können den Neckarsteig ganz nach ihren individuellen Vorlieben gestalten. Erfühlen Sie den Zauber der Ferne auf einer abwechslungsreichen Mehrtageswanderung oder wählen Sie ebenso eindrucksvolle Halbtagestouren, vielleicht auch nur einen Spaziergang zum Kennenlernen.

Weitere Tourenvorschläge finden Sie in den Prospekten Schöne Aussichten, Wandern und Eberbacher Pfad der Flussgeschichte.

TOUR 16 — Neckartal

Pfad der Flussgeschichte
Von Eberbach zur Teufelskanzel

16

 3 ¼ Std.
↦ 11 km
▲ 310 Hm

Eberbach – Scheuerberg – Breitenstein – Teufelskanzel – Eberbach

Die Tour verläuft auf festen Wegen und Naturpfaden. Der Weg ist anfangs auf im Pflaster eingelassenen Metallplättchen mit dem Buchstaben »F«, später mit gemalten gelben »F« markiert.

Wald, Aussicht, Teufelskanzel, Altstadt Eberbach

Eberbach

Kleine Steinmäuerchen, die Trockenmauern, dienten zur Befestigung des Erdreichs.

Diese Wanderung führt nicht nur durch eine schöne Landschaft und urige, naturnahe Wälder, sondern die geologische Geschichte der Landschaft, vor allem aber des Neckars, ist auch auf den 15 Tafeln des Lehrpfads erklärt. Zudem bietet sie uns immer wieder eine herrliche Aussicht ins Neckartal oder auf die umliegenden Höhen. Danach kann man den Tag im sehenswerten Eberbach mit seinen zahlreichen Fachwerkhäusern ausklingen lassen.

Parkmöglichkeiten findet man unter der Woche in der Tiefgarage Leopoldsplatz, im Parkhaus Rathaus oder sonntags kostenlos entlang der Uferstraße/B 37 oder direkt am Neckarufer. Von dort aus gehen wir zum **Naturparkzentrum Neckartal-Odenwald** ❶ im Thalheim'schen Haus am Ende der Kellereistraße 36. Hier kann man auch den mächtigen Pulverturm bewundern. Von dort gehen wir hinab vor die ehemalige Stadtmauer und gehen an ihr entlang nach links. Bald geht links die **Hauptstraße** ❷ ab.

Ihr folgen wir durch das alte Zentrum mit den vielen Fachwerkhäusern. Wir gehen über den Alten Markt und kommen nach der evangelischen Michaelskirche zum

Pfad der Flussgeschichte

Neuen Markt ❸. Dort biegen wir rechts ab in die Neckarstraße. Kurz darauf zieht die breite Straße als Brückenstraße nach rechts, wir gehen aber in der Neckarstraße noch etwas geradeaus weiter. Bald werden wir mit dem gelben F nach links in den Breitensteinweg ❹ verwiesen.

Wo die Rudolf-Epp-Straße nach links abgeht, wandern wir auf dem links der aufwärts führenden Straße verlaufenden Naturweg weiter bergauf. Nach einiger Zeit treffen wir auf eine Asphaltstraße. Hier halten wir uns links, biegen kurz darauf an der Rechtskurve der Straße links ab ❺ auf einen unbefestigten Weg und kommen zu Tafel 6. An der Verzweigung kurz danach gehen wir links eben weiter. Nun kommen wir zu Station 7 des Lehrwegs, wo eine **Hütte** ❻ mit einem spitzen Dach steht. Rechts erinnert ein Stein an den Fund des »Roten Krokodils von Eberbach«. Auf ihm ist die 150 m entfernt liegende Fundstelle angegeben.

Danach folgen wir dem Weg weiter. Nach einer Rechtskurve kommen wir zu Station 8. Danach queren wir einen breiten Forstweg, nun steigen wir auf einem schmalen Pfad in Serpentinen an. Der Wald hier erweckt einen recht urigen, ursprünglichen Eindruck, der mit seinem vielen Totholz an einen Bannwald erinnert. Nach einem querenden Asphaltweg geht es auf einem Pfad weiter. Kurz darauf halten wir uns an einem querenden Schotterweg links.

Blick von der Teufelskanzel auf den Neckar.

TOUR 16   Neckartal

INFOS

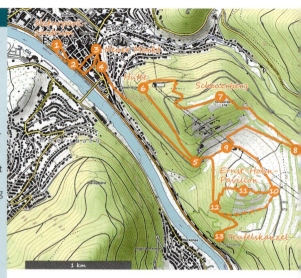

Wander- und Radwanderkarte 13 Neckartal-Odenwald, 1 : 20 000, Geo-Naturpark Bergstraße-Odenwald und Naturpark Neckartal-Odenwald; Freizeitkarte F514 Mosbach, 1 : 50 000, Landesamt für Geoinformation und Landentwicklung Baden-Württemberg (LGL)

www.naturpark-neckartal-odenwald.de;
www.tg-odenwald.de;
www.eberbach.de

Bahn nach Eberbach Bahnhof

Naturparkzentrum Eberbach, Kellereistraße 36, Eberbach, GPS 49.462597, 8.983672

Bald überqueren wir eine Lichtung mit Stromleitungen. Nun sind wir auf dem **Scheuerberg** ❼. Wir können uns an knorrigen alten Bäumen, insbesondere Eichen, erfreuen und haben immer wieder eine Aussicht über die Umgebung. Danach geht es im Wald steil bergab, dann folgen wir wieder einem Wiesenstreifen und wandern auf einem aussichtsreichen Höhenrücken zu **Station 10**.

Etwas später müssen wir scharf rechts abbiegen ❽. Wir wandern immer leicht abwärts und vorbei an Station 11. Bei einer **Bank** mit dem eingeschnitzten Verlauf des Neckars und dem »N« für den Neckarsteig knickt unser Weg links ab. Etwas später kommen wir mit einer Links-/Rechtskurve zu einem Asphaltweg und einer **Informationstafel** zum Breitenstein ❾.

Hier kann man nach rechts abkürzen, ansonsten wandern wir nach links an dem **Hof** vorbei auf der Freifläche weiter. Nach der **Tafel zu Streuobstwiesen** ❿ biegen wir rechts ab. Wer auch hier einen kürzeren und bequemeren Weg nehmen will, nimmt den linken, abwärts führenden der beiden Wege. Unser Pfad führt aber auf dem rechten der beiden Wege wieder etwas aufwärts. Er bringt uns nach etwas Anstieg hinauf zum **Ernst-Hohn-Pavillon** ⓫ auf dem Schollerbuckel und zu Tafel 13. Hier hat man erneut einen prächtigen Blick, wobei die Landschaft etwas an die Alpen erinnert.

Eberbach

In Eberbach ist noch eine Vielzahl alter Gebäude zu sehen, darunter viele Fachwerkhäuser. Der Pulverturm (13. Jh.) ist einer der verbliebenen Türme der Ummauerung. Das Thalheim'sche Haus diente erst dem Kurpfälzischen Amtskeller, danach als Fürstlich Leiningen'sches Jagdpalais, schließlich als Rathaus. Heute ist es das Informationszentrum des Naturparks Neckartal-Odenwald e.V. Das Hotel Karpfen (1934) am Alten Markt ist in Sgraffito-Technik mit der Geschichte Eberbachs verziert. Das Museum der Stadt wurde 1824 als Rathaus im klassizistischen Weinbrennerstil errichtet. Der Turm Blauer Hut (14. Jh.) ist der kleinste und jüngste der vier Stadttürme. Seinen Namen hat er von der mit blauschwarzem Schiefer gedeckten Dachhaube. In ihm lag auch das »Betzenkammer« genannte städtische Arrestlokal. Das vielleicht älteste vollständig erhaltene Fachwerkgebäude ist der 1470 erbaute Hof mit dem Bettendorf'schen Tor. Nahebei steht das älteste Pfarrhaus der Stadt. Die evangelische Michaelskirche wurde 1836 in der Nähe einer früheren Marienkapelle erbaut. Aus dieser stammt ein mit 1426 datierter Stein mit dem kurpfälzischen Wappen. Nördlich von ihr steht der Rosenturm, der einzige Rundturm der Stadtbefestigung. Die roh gestaltete, liegende Menschengestalt im Türsturz diente der Abwehr böser Geister. Der massige Bad- oder Haspelturm (14. Jh.) besitzt ein lichtloses Untergeschoss, in das Gefangene mit einer Haspel hinabgelassen werden konnten. Das Badhaus (15. Jh.) besitzt ein dreischiffiges spätgotisches Kreuzgewölbe, das auf acht wuchtigen Sandsteinsäulen ruht.

TOUR 16　　　　　　　　　　　　　　　　　　　　　Neckartal

Vor dem Pavillon biegen wir links ab, nun geht es auf einem Steig steil hinab zu einem **querenden Weg** ⑫. Hier könnte man jetzt schon nach rechts in Richtung »Altstadt« zurückgehen, wir machen jedoch noch einen Abstecher zur Teufelskanzel. Dazu biegen wir links ab. Etwas später erreichen wir eine Verzweigung bei der **Tafel Trockenmauer**. Hier kommen von links die Wanderer her, die abgekürzt haben. Wir nehmen nun den rechten Weg. Er führt noch etwas geradeaus, dann knickt er rechts ab und bringt uns als schmaler Pfad hinaus zur **Teufelskanzel** ⑬. Hier bietet sich ein prächtiger Blick durch die Bäume auf den Neckar.

Nun gehen wir wieder zurück und folgen der Trockenmauer, vorbei an der Stelle, an der wir vom Pavillon herabgekommen sind ⑫, bis zum Waldende. Nach einem Linksknick erreichen wir einen **Parkplatz**.

Hier gehen wir etwas nach rechts hinauf, bis links der Naturweg abzweigt, auf dem wir anfangs heraufgekommen sind ⑤. Auf ihm wandern wir nun wie auf dem Hinweg auch zurück.

Wo wir in der Stadt auf die Brückenstraße treffen, haben wir zwei Möglichkeiten. Entweder wir gehen wie auf dem Herweg über die Hauptstraße wieder zurück. Oder wir nehmen eine Alternative. Dazu folgen wir der Brückenstraße etwas nach links. Nach der rechts stehenden evangelischen Kirche steht rechts der runde **Rosenturm**. Hier biegen wir rechts ab in die Weidenstraße und gehen an den Häusern und der Stadtmauer entlang, bis wir an deren Ende auf den **Turm Blauer Hut** treffen. Wir biegen rechts ab und spazieren, bald auf bekanntem Weg, zurück zum **Ausgangspunkt**.

In Eberbach findet man noch zahlreiche sehenswerte Gebäude, hier der Pulverturm am Anfang der Wanderung.

illkommen im Naturpark eckartal-Odenwald
ne abwechslungsreiche Landschaft
it einer Fülle von Angeboten:
- Über 4000 km erlebnisreiche Rundwanderwege
- Landschaftsführungen, regionaler Genuss uvm. im Jahresprogramm
- Ausstellung im Naturparkzentrum Eberbach

ehr Informationen auf:
w.naturpark-neckartal-odenwald.de

Naturpark Neckartal-Odenwald - Kellereistraße 36, 69412 Eberbach
Tel 06271 / 72985 Fax 06271 / 942274 info@naturpark-neckartal-odenwald.de

Wir sagen DANKE,
dass du ...

1. auf den Wegen bleibst,

2. Dämmerung und Nachtzeiten meidest,

3. auf geschützte Bereiche achtest.

Lass dich davon begeistern, wie wir Wildtiere leben und sei auch du bewusstWild in unserem Lebensraum unterwegs! Weitere Infos unter **www.bewusstWild.de**

TOUR 17 — Neckartal

Entlang des Neckars zur Ruine Stolzeneck
Waldwanderung um Eberbach

- 3 ¾ Std.
- 12,3 km
- 360 Hm

Eberbach/Parkplatz Ruine Stolzeneck – Ruine Stolzeneck – hinauf durch den Wald – Heiligkreuzkirchlein – durch den Wald – Eberbach – entlang des Neckars – Parkplatz

Bis auf den An- und den Abstieg verläuft der durch den Wald führende Teil der Wanderung auf festen Forstwegen, An- und Abstieg auf steilen Pfaden. Der Weg entlang des Neckars verläuft neben einer ruhigen Stichstraße auf dem Gehweg, den teilweise auch Radfahrer nutzen.

Ruine Stolzeneck, Heiligkreuzkirchlein, Altstadt Eberbach

Eberbach

Die Ruine Stolzeneck heißt nicht nur so, sie ist auch ein mächtiges Bauwerk, das auch heute noch Zeugnis von seiner Wehrhaftigkeit und Uneinnehmbarkeit abgibt. Sie liegt mitten im Wald, und so führt uns diese Wanderung zu großen Teilen durch die schönen Waldgebiete des Kleinen Odenwalds. Interessant ist auch die kleine ehemalige Wallfahrtskirche im Wald und auf dem Streckenteil entlang des Neckars auch der Schiffsverkehr.

Bei dieser Tour gibt es zwei geeignete Ausgangspunkte. Wer ohnehin mit dem Auto kommt, parkt am besten auf dem **Parkplatz Ruine Stolzeneck** ❶, dann hat er den steilen Anstieg erst zum Schluss. Man fährt hierzu ab der Westseite der Neckarbrücke erst in der Rockenauer Straße, dann in den Krösselbachweg nach Süden. Nach Rockenau kommt man an der Schleuse Rockenau vorbei. Kurz danach liegt links ein Parkplatz. Ansonsten parkt man in Eberbach an der Neckarbrücke, wenn man mit der Bahn kommt, startet man sowieso dort. In beiden Fällen geht man auf die Westseite der Neckarbrücke und wandert dort wie oben beschrieben entlang des Neckars nach Süden bis zum Parkplatz.

Ruine Stolzeneck

Die Ruine Stolzeneck (218 m) wurde um 1230 als staufische Reichsburg, wie an den Buckelquadern und den Steinmetzzeichen zu erkennen ist, über dem Neckartal angelegt. Etwa 1275 kam eine Schildmauer dazu, die unter Verwendung der Quader der ersten Anlage erbaut wurde. Die 1268 als »de Stoltzinecke« erstmals erwähnte Burg gelangte 1270 erst als Lehen, dann 1284 vollständig an die Pfalz: Sie wurde in diesem Jahr von Pfalzgraf Ludwig II. als einer seiner ersten Stützpunkte im Neckartal von dem Ritter Walter Bacho gekauft, da die Pfalzgrafen ihre Macht neckaraufwärts ausdehnen wollten. 1349 wurden die Brüder Heinrich und Albert von Erligheim als Erbburggrafen eingesetzt. Nach 1350 wurden schließlich Ringmauer und Palas erbaut und die Anlage in Vor- und Hauptburg gegliedert. Im 14. und 15. Jahrhundert wurden verschiedene Geschlechter als Lehensherren eingesetzt, so beispielsweise Mitte des 15. Jahrhunderts Hans Horneck von Hornburg. Er war jedoch so streitlustig, dass ihm Pfalzgraf Friedrich I. die Burg wieder entzog. Im Jahr 1504 wurde die Burg im pfälzisch-bayerischen Erbfolgekrieg zerstört, 1509 vom damaligen Lehensinhaber Philipp von Seldeneck aber wieder aufgebaut. Damals wurde auch die große Vorburg angelegt. Letztmals als Wohnstätte erwähnt wurde sie 1576. 1610 oder 1612, als die Freiherren von Frauenberg ausstarben, fiel die Burg wieder an die Pfalz; daraufhin wurde sie geschleift. Auch im zur Burg gehörigen Weiler Krösselbach lebten infolge von Armut und Pest nur noch drei Familien. Sie wurden auf Befehl des Pfalzgrafen jedoch nach Zwingenberg umgesiedelt. Die Anlage ist eine Schildmauerburg

und liegt wie alle Burgen am Neckar auf einem gegen den Fluss vorspringenden Bergrücken, etwa achtzig Meter über dem Fluss. Auf der Seite des Bergs ist sie mit einem außerordentlich tiefen Halsgraben gesichert; er wurde in den Felsen gehauen und lieferte dadurch auch gleichzeitig die Steine für den Bau. Reste der Vorburg und der Ruine der Kernburg mit dem Palas und die fast vollständig erhaltene, gebogene Schildmauer aus der Zeit um 1200 sind noch zu sehen. An der Außenseite der Mauer ragen Kragsteine heraus, an denen ein hölzerner Vorbau befestigt war. Die teilweise noch begehbare Schildmauer stammt aus der Zeit 1275 bis 1510 und ist über 25 Meter lang, bis zu 20 Meter hoch und etwa 2,5 Meter stark. In etwa neun Metern Höhe gibt es einen Zugang zur Wehrplattform. Man sollte hinaufsteigen, denn von hier hat man einen prächtigen Blick auf die Anlage, ins Neckartal und zum Odenwald. Die Schildmauer ist durch eine hohe Ringmauer mit dem Palas verbunden. Der einst viergeschossige Palas aus der Spätgotik wurde etwa 1509 umgebaut.

Im Jahr der Entstehung dieses Buches war der Zugang zur Ruine wegen Steinschlaggefahr gesperrt. Man bekommt aber auch von außen einen guten Eindruck von der Mächtigkeit des Bauwerks.

Heiligkreuzkirchlein

Von dem spätgotischen Heiligkreuzkirchlein, einer ehemaligen Wallfahrtskapelle, ist noch der Kapellenchor übrig. Er entstand 1516 auf den Resten einer älteren Kapelle. Bis zur Reformation fand hier zwischen Mai und September täglich ein Gottesdienst statt.

Entlang des Neckars zur Ruine Stolzeneck

Am Parkplatz ist der Pfad zur »Ruine Stolzeneck« ausgeschildert, man hält sich dazu an das Zeichen gelbe 3. Es steigt, teilweise auf Stufen, steil an bis zu einem querenden Forstweg. Ihm folgt man nach rechts und erreicht kurz danach die **Ruine Stolzeneck** ❷.

Ab der Ruine halten wir uns an das Wanderzeichen gelbes R. Wir gehen am Eingang vorbei, danach durch ein ehemaliges Rundbogentor. Kurz nach der Ummauerung weist uns das Zeichen nach rechts auf einen Pfad und wir erreichen ein mächtiges **Felsmassiv** mit senkrechten Wänden.

Der Weg führt uns hinauf auf diese Felsen. Von ihnen aus hat man einen prächtigen Blick zur Ruine. Danach steigen wir mit dem Zeichen steil hinauf zu einer **Kreuzung von geschotterten Forstwegen** ❸. Wer weiter kurz, aber steil aufsteigen will, folgt weiter dem Pfad, der schließlich vor einer **Holzhütte** ❹ an einem Forstweg endet. Bequemer ist es allerdings, man hält sich rechts auf dem sanfter ansteigenden Forstweg. Er beschreibt bald eine Linkskurve und bringt uns ebenfalls zu dieser **Hütte** ❹.

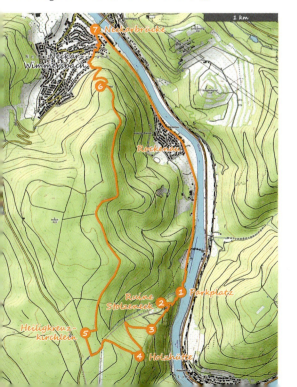

Der Weg davor ist mit dem Zeichen rotes Dreieck markiert; diesem folgen wir nun eine Weile. Wir wandern jetzt nach rechts weiter. Nach einer Weile erreichen wir nach einer Linkskurve eine Lichtung. Wir queren sie und Stromleitungen und kommen wieder in den Wald. Kurz danach werden wir vor einem Parkplatz nach rechts verwiesen. Nach ein paar Minuten liegt rechts das **Heiligkreuzkirchlein** ❺.

Wir gehen an ihm vorbei und stoßen bald auf einen querenden Weg. Ihm folgen wir mit dem roten Dreieck nach links. Es geht an einer kleinen **Schutzhütte** vorbei, ein paar Mal haben wir nach rechts auch einen Blick hinab ins Neckartal und zum fernen Katzenbuckel.

Schließlich erreichen wir eine Verzwegung. Hier halten wir uns an den rechten, abwärts führenden Weg. Es geht an einer **Holzhütte** vorbei und kurz danach haben wir nach rechts durch eine **Schneise** ❻ einen schönen Blick hinab nach Eberbach. Hier biegen wir rechts ab, nun geht es in Serpentinen immer abwärts. An einer Verzwegung gehen wir auf dem linken Weg, praktisch geradeaus, auf dem

Graesweg weiter. Nach einem Rechtsknick queren wir einen breiten Forstweg. Wir stoßen zwar bald auf die ersten Häuser, gehen aber weiter im Wald im Zickzack abwärts.

Schließlich erreichen wir die Stadt mit der Straße Am Ledigsberg. Nun liest sich die Beschreibung des Weges zwar etwas kompliziert, er ist aber immer gut mit dem roten Dreieck markiert. Rechts an der Wendeplatte geht unser Weg weiter abwärts, anfangs auf Stufen mit der Markierung »Zur Stadt«. Nach Haus Nr. 6 gehen wir auf der Straße Bergheckenweg kurz nach rechts, dann nach links auf einer Treppe hinab zur Straße Elmele. Hier halten wir uns links, dann gleich wieder rechts. Nach einer Linkskurve und Haus Nr. 36 zweigen wir rechts ab und kommen hinab zur Rockenauer Straße und zur **Neckarbrücke** .

Wer am Parkplatz der Ruine geparkt hat, hält sich nun rechts, den Weg kennt er ja noch von der Anfahrt her. Wer in Eberbach geparkt hat oder mit öffentlichen Verkehrsmitteln gekommen ist, geht auf bekanntem Weg zurück zu seinem **Ausgangspunkt**.

INFOS

Wander- und Radwanderkarte 13 Neckartal-Odenwald, 1 : 20 000, Geo-Naturpark Bergstraße-Odenwald und Naturpark Neckartal-Odenwald; Freizeitkarte F517 Stromberg Heuchelberg, 1 : 50 000, Landesamt für Geoinformation und Landentwicklung Baden-Württemberg (LGL)

www.naturpark-neckartal-odenwald.de;
www.tg-odenwald.de;
www.eberbach.de

Bahn nach Eberbach

Eberbach, Parkplatz Ruine Stolzeneck, GPS 49.422406, 8.999757

Die Wanderung führt auch am Neckar entlang.

Burgentrilogie am Neckar 18
Wandern um Neckargemünd

4 Std.

12,7 km

480 Hm

Kleingemünd – Bockfelsenhütte – Dilsberg – Neckarsteinach – Hinterburg – Ruine Schadeck – Kleingemünd

Wir wandern auf festen und unbefestigten Wegen. Immer wieder kommen steile An- und Abstiege; bei den Teilstrecken entlang des Steilabfalls ist es auch vorteilhaft, wenn man schwindelfrei ist.

Burgruinen, Dilsberg, Altstadt Neckargemünd, Neckarufer und Stadtbild Neckarsteinach

Neckargemünd, Dilsberg, Neckarsteinach

Burgen und Burgruinen sind immer ein reizvolles Wanderziel. Gleich drei davon besuchen wir bei dieser Wanderung. Sie führt uns durch Wald, durch Streuobstwiesen und Wiesen, und sie bringt in der Summe einige Anstiege mit sich. Aber es lohnt sich. Die Ruinen sind gut erhalten oder renoviert und bieten alle eine herrliche Aussicht auf die Umgebung. Zudem ist auch die Strecke entlang des Neckars ein reizvolles Stück Landschaft.

Wir gehen vom **Parkplatz** ❶ aus zum Neckar und überqueren diesen unterhalb der Bahnbrücke. Auf der anderen Seite überqueren wir die Straße und gehen hinauf zur **S-Bahn-Haltestelle Neckargemünd Altstadt**. Dort überqueren wir die Gleise und kommen auf der anderen Seite zum Wanderschild S-Bahn Altstadt (131 m). Hier biegen wir links ab in Richtung »Dilsberg«.

Nun folgen wir dem Alten Postweg, der in den Kastanienberg übergeht. Bei den **Gebäuden 45 und 66** werden wir am Schild **Neckargemünd Ost** (172 m) nach links verwiesen ❷. Wir steigen auf einer Treppe hinauf in den Wald. Dort halten wir uns am Schild **Am Kastanienberg**

Burgentrilogie am Neckar

(180 m) links, unsere Zeichen sind das gelbe R und das rote Kreuz. Diese weisen uns gleich rechts auf einen Pfad, der uns zur **Bockfelsenhütte** ❸ bringt.

An der Hütte folgen wir dem rechts abgehenden Bockfelsenweg. Nach einer Weile zweigen wir links ab auf einen **Pfad** ❹, der steil bergab führt. Am Schluss geht es im Zickzack zur Landstraße. Wir halten uns rechts, biegen aber gleich danach bei den Häusern und dem Schild **Rainbach** (119 m) rechts ab in die Straße Am Mühlwald. Nun steigt es durch das Dorf etwas an, bis wir am Schild **Lochmühle** (140 m) ❺ links in den Mühlweg verwiesen werden.

Wir durchqueren das Anwesen der Lochmühle und steigen dahinter im Wald den ansteigenden Weg etwas hinauf. Es geht an dem kleinen Pumpwerk vorbei, danach kommen wir zur Landstraße ❻. Auf ihrer anderen Seite folgen wir der Straße Brunnacker. Nach dem letzten Haus werden wir nach rechts verwiesen. Nun steigt es steil an. Am Schild **R.-Schirrmann-Weg** verzweigt es sich, wir wandern aber mit dem roten Kreuz geradeaus steil weiter hinauf.

Bockfelsenhütte

Die Bockfelsenhütte wurde 1876 vom Apotheker Philipp Ludwig Bronner erbaut und in den Jahren 1976 und 2011 erneuert und renoviert. Weil hier der Hund eines Jägers einen Rehbock über einen Felsen gejagt haben soll, wird sie »Bockfelsenhütte« genannt.

Schließlich kommen wir zu den ersten Häusern von Dilsberg. Hier biegen wir rechts ab und kommen zur Kirche und zum Schild **vor dem Tor** (279 m). Dort biegen wir links ab, gehen durch den Torturm und biegen vor dem Fachwerkhaus nach rechts in die Obere Straße ein. Gleich danach werden wir nach rechts in Richtung »Ruine« in den Burghofweg verwiesen.

Dilsberg

Der Dilsberg ist auf drei Seiten vom Neckar umflossen, was vermutlich schon früh Siedler angezogen hat. Dank dieser Lage konnte die Burg Dilsberg im April 1622 einer Belagerung durch Feldherrn Tilly standhalten, musste aber während des Dreißigjährigen Krieges mehrfachen Besitzerwechsel erdulden. Ab 1803 gehörte die Herrschaft zu Baden, nun diente die Burg als Verbannungsort und Staatsgefängnis, vorwiegend für Staatskritiker, und Universitätskarzer. Innerhalb der Vorburg stehen noch die Zehntscheuer (1537) und das Kommandantenhaus (16. Jh.) mit dem sechseckigen Treppenturm. Weitere Häuser wurden als Wachthaus, Kaserne, Marstall, Fruchtspeicher und Bandhaus (1537) verwendet. Erhalten blieb von der Oberburg die gewaltige Mantelmauer aus Buckelquadern (14. Jh.). Außerdem stehen noch ein Treppenturm des Palas (1540) und ein Brunnenschacht. Wir betreten den Ortskern durch den Torturm (1684) und verlassen ihn beim Kommandantenhaus. Der mächtige Torturm diente bis 1878 als Wachthaus für den Nachtwächter und um 1900 als Herberge für die aufkeimende Wanderbewegung.

Kurz danach liegt links die **Ruine Dilsberg** ❼, die man gegen Eintritt besichtigen kann.

Danach folgen wir weiter dem Burghofweg, der um die Burganlage herumführt. Links vom **Kommandantenhaus** verlassen wir Anlage und Ort durch einen Rundbogendurchgang. Gleich danach gehen wir nach rechts auf einer Treppe hinab. An dem querenden Weg halten wir uns links und gehen entlang der Mauer vor das nächste Haus und das Schild **Dilsberg** (277 m). Hier werden wir nach rechts in Richtung »Neckarsteinach« verwiesen.

Nun geht es in Serpentinen steil hinab. Wir kommen am Schild **Burgsteige** (209 m) vorbei und treffen vor dem Neckar auf das Schild **Schleuse** (130 m). Hier halten wir uns links und überqueren gleich danach die Schleuse. Nach ihr biegen wir am Schild **Neckarsteinach Schleuse** (120 m) ❽ links ab. Nun wandern wir entlang des Neckars, der uns immer wieder schöne Bilder liefert. Besonders reizvoll ist der Blick zu den Burgen, auch der Schiffsverkehr auf dem Fluss ist interessant.

Wir wandern immer am Fluss entlang bis zu einem rechts liegenden **Spielplatz** ❾. Diesen betreten wir und steigen auf einer Treppe hinauf zur Straße. Auf der anderen Straßenseite beim Parkplatz beim Schild **Neckarsteinach Hinterburg** (167 m) nehmen wir den in den Wald führenden und steil im Zickzack ansteigenden Pfad. Bei einem Flurkreuz sehen wir links schon die **Ruine Hinterburg** ❿.

Blick auf Neckarsteinach.

TOUR 18 — Neckartal

INFOS

Wander- und Radwanderkarte 12 Heidelberg Neckartal-Odenwald, 1 : 20 000, Geo-Naturpark Bergstraße Odenwald und Naturpark Neckartal-Odenwald; Freizeitkarte F513 Mannheim Heidelberg, 1 : 50 000, Landesamt für Geoinformation und Landentwicklung Baden-Württemberg (LGL)

www.naturpark-neckartal-odenwald.de;
www.tg-odenwald.de;
www.neckargemuend.de;
www.dilsberg.de;
www.neckarsteinach.de

Bahn bis Neckargemünd, Haltestelle Altstadt

Neckargemünd-Kleingemünd, Schwimmbadstraße, Parkplatz vor der Eisenbahnbrücke, GPS 49.394607, 8.806235

Nach der Besichtigung der Ruine gehen wir rechts an ihr vorbei in den Wald. Kurz nach dem Waldrand steigen wir nach links hinauf zu einer Holzhütte, als Zeichen orientieren wir uns an den Zeichen umgedrehtes T, rotes R und den Nummern 1 und 3. Es geht an einem Aussichtspunkt vorbei, danach verzweigt sich der Pfad. Dem rechten Weg, der auf Treppenstufen hinauf führt, folgen wir später, zuerst gehen wir aber auf dem linken Weg hinab zur **Ruine Schadeck** 11.

Danach gehen wir wieder zurück zur Verzweigung und steigen auf den Treppenstufen hinauf. Der Pfad bringt uns hinauf zu einem breiteren Weg. Ihm folgen wir nach links. Gleich darauf haben wir von einem Aussichtsplatz einen herrlichen Blick hinab auf die Ruine Schadeck, den Neckar und Neckarsteinach.

Später zweigt links ein Pfad ab, den wir aber ignorieren. Wir folgen weiter den Zeichen 3 und rotes R. Der Weg führt uns am **Teufelsstein**, später nach der Rechtskurve an

Blick zur Ruine Schadeck, auch Schwalbennest genannt.

der mächtigen, als Naturdenkmal geschützten **Bliggerlinde** vorbei. Sie steht etwas rechts oberhalb des Weges.

Schließlich stoßen wir auf einen **querenden Weg** 12, dem wir in spitzem Winkel nach links abwärts folgen. Wo er eine Rechtskurve beschreibt, wandern wir mit dem gelben V geradeaus auf einem schmäleren Weg weiter geradeaus. Am nächsten Querweg halten wir uns rechts.

Nach einer Weile sehen wir ein Schild **Naturschutzgebiet** 13, dahinter eine Wiese. Dies sind die Streuobstwiesen von Kleingemünd. Wir biegen links ab und folgen vor dem Wald dem durch die Wiesen führenden Pfad nach rechts. An einer Kreuzung mit einem anderen Wiesenweg halten wir uns links. Der Pfad zieht nun bald nach rechts, dann wieder nach links und wir kommen zu den **ersten Häusern** von Kleingemünd. Am **Kreisverkehr** biegen wir links ab, kurz danach nehmen wir die rechts abgehende Schwimmbadstraße, die uns zurück zum **Parkplatz** bringt.

Hinterburg

Die Hinterburg gehört zu den vier Burgen um Neckarsteinach. Sie wurde um 1220/1230 als dritte der Burgen errichtet. Bauherr war wahrscheinlich Gerhard von Schauenburg, einer der Erben der 1219 ausgestorbenen Grafen von Lauffen. Die Schauenburger hatten sich aber finanziell übernommen, weswegen die Burg zunächst Bauruine blieb. Sie wurde gegen 1250 an den Bischof Heinrich von Speyer verkauft, doch erst sein Nachfolger, Bischof Gerhard von Speyer, begann ab 1344 mit dem Bau der immer noch wüst liegenden Burg, er bestellte für sie sogar einen Amtmann. Im Auftrag des Hochstifts Speyer wurden zwischen 1426 und 1450 die Befestigungsanlagen zu einem dreifachen Mauerring ausgebaut. Um 1630 wurde die Burg im Dreißigjährigen Krieg zerstört. Nichtsdestotrotz ist sie heute die eindrucksvollste der vier Burgen.

Ruine Schadeck

Die wegen ihrer exponierten Lage auch Schwalbennest genannte Ruine Schadeck wurde als letzte der vier Burgen 1335 im Steilhang über dem Neckar erbaut. Bauherr war Erzbischof Balduin von Mainz und Trier. Der Bau entstand aber auf dem Gelände der Landschaden von Steinach, einem niederen Adelsgeschlecht. Dieses wurde erst später um 400 Pfund Heller erworben. Die Burg wurde wahrscheinlich bereits Ende des 15. Jahrhunderts zur Ruine.

TOUR 19 — Kraichgau

Zwischen den Hügeln des Kraichgaus

Von Baiertal durch die Felder

- 3 ¾ Std.
- 14,5 km
- 160 Hm

Baiertal – Golfplatz – Rosengarten – Gauangelloch – Ebene – Birkenhof – Schatthausen – Baiertal

Die Wanderung verläuft fast durchgehend auf festen Wegen. Zweimal sind moderate Anstiege zu bewältigen.

Landschaft

Wiesloch-Baiertal, Gauangelloch, Besenwirtschaft Eulenberghof

Der Kraichgau ist für seine offene, freie Landschaft und seine vielen Hügel bekannt. Auf und zwischen ihnen liegen fruchtbare Felder, unterbrochen von Streuobstwiesen und Waldstücken. Und von den Höhen bietet sich eine prächtige Aussicht über die Landschaft. Dies alles werden wir bei dieser Wanderung erleben, die von Baiertal nach Gauangelloch und über Schatthausen wieder zurückführt.

Start dieser Wanderung ist das **Rathaus (Ortsverwaltung) in Baiertal** ❶. Da die Parkzeit dort begrenzt ist, müssen wir uns eine Parkmöglichkeit in einer der umliegenden Anliegerstraßen suchen. Dann gehen wir vom Rathaus aus in der Schatthäuser Straße nach Süden und überqueren bei nächster Gelegenheit den Gauangelbach nach links. Nach ihm stoßen wir auf die Hirschgasse, der wir nach links folgen. Als Wanderzeichen halten wir uns vorerst an die Bezeichnung W12 bzw. die gelbe Raute.

Bald überqueren wir bei einem großen **Stein**, auf dem ein Hirsch mit der Jahreszahl 1987 abgebildet ist, den Radweg, der auf einer ehemaligen Bahntrasse verläuft und sanft ansteigt. Nach Haus **Nr. 41** ❷ werden wir nach links

Die Wanderung verläuft zwischen Feld und Wald.

verwiesen. Nun steigen wir zwischen Feldern und mit bester Aussicht weiter an, bis wir auf einen **Asphaltweg** treffen ❸. Ab hier begleitet uns links der Golfplatz.

Wir gehen weiter geradeaus, kommen an einem **Gedenkstein** für einen Flugzeugabsturz 1943 vorbei und erreichen schließlich einen **Rechtsknick** ❹ des Sträßchens. Hier halten wir uns links und wandern auf einem Feldweg, vorerst durch den Golfplatz, weiter. Später geht es wieder über Felder bis vor einen Gehölzstreifen. An ihm wandern wir unbefestigt rechts entlang bis zu einem Asphaltweg vor dem **Wald** ❺.

Hier biegen wir links ab, als Zeichen gilt nun neben der 12 das grüne Andreaskreuz auf weißem Grund des Europäischen Fernwanderwegs E1. Wo der Asphaltweg am Waldende nach rechts zieht, wandern wir auf einem Feldweg geradeaus wei-

Wir wandern auch durch idyllische Waldstücke.

TOUR 19 — Kraichgau

INFOS

Wander- und Radwanderkarte 12 Heidelberg Neckartal-Odenwald, 1 : 20 000, Geo-Naturpark Bergstraße Odenwald und Naturpark Neckartal-Odenwald; Freizeitkarte F513 Mannheim Heidelberg, 1 : 50 000, Landesamt für Geoinformation und Landentwicklung Baden-Württemberg (LGL)

🌐 www.wiesloch.de

S-Bahn bis Wiesloch-Walldorf oder Mauer, dann weiter mit dem Bus

Wiesloch-Baiertal, Rathaus (Ortsverwaltung), Schatthäuser Straße 12, GPS 49.303861, 8.738442

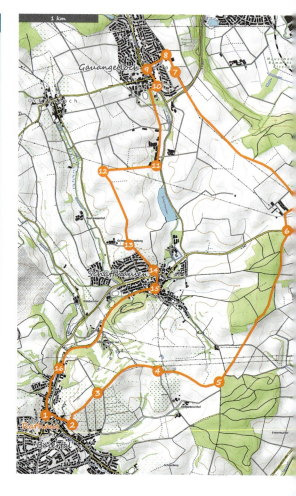

ter. Bald liegt links der **Eichwald**. Wir können hier – je nach Wetter, Lust und Laune – entweder rechts des Waldes weiterwandern, oder dem Zeichen folgen, das links in den Wald hineinweist. Nach ein paar Minuten verlassen wir den Wald wieder und wandern auf dem vorigen Weg weiter.

An der querenden Landstraße L 547 geht es etwas nach links ⑥ versetzt in derselben Richtung weiter. Vor dem **Kramerhof** biegen wir rechts ab und gehen hinauf zu einer Kreuzung mit dem Schild **Kramerhof** (228 m). Hier biegen wir links ab.

Zwischen den Hügeln des Kraichgaus

Danach wandern wir weiter durch die offene Landschaft. Rechts begleiten uns ein Stück weit Streuobstwiesen, wir passieren das Schild **Rosengarten** (231 m) und überqueren nach einiger Zeit wieder ein Sträßchen. Dahinter steigt der Weg an. Links des Weges sehen wir die Häuser von Gauangelloch. An der **höchsten Stelle** ❼ steht ein Bildstock von 1610 und eine Metalltafel erklärt, in welcher Richtung welche Orte liegen. Tisch und Bänke laden hier zur Rast ein.

Danach geht es wieder bergab. Nach dem **Römerhof** steht links das Schild **Feilgasse** (225 m) ❽. Wir halten uns hier links und wandern bald in der Feilgasse abwärts zur **Hauptstraße** ❾. Ihr folgen wir nach links durch Gauangelloch. Wo rechts die **Kraichgaustraße** ❿ abgeht, spazieren wir auf ihr nach rechts, biegen aber kurz darauf links ab. Nach einer Weile liegen am Weg der **Eulenberg- und der Birkenhof**. Nach dem zweiten beschreibt unser Weg eine Rechtskurve ⓫ und wir steigen hinauf zum Gewann Ebene. An dem **querenden Weg** ⓬ biegen wir links ab und wandern weiter, bis vor **Schatthausen** ein Weg ⓭ quert.

Auf ihm gehen wir in einem Hohlweg hinab zu den Häusern. Dort folgen wir erst der Tiefen Gasse, dann nach der querenden **Ravensburgstraße** ⓮, der Ortsstraße. Vor der Kirche biegen wir rechts ab, kurz danach noch einmal in die **Hohenhardter Straße** ⓯.

Nun wandern wir auf dem ehemaligen Bahndamm, den wir anfangs überquert haben. Wir folgen ihm immer geradeaus, bis wir nach einem Spiel- und Grillplatz die ersten Häuser von **Baiertal** erreicht haben. Dort gehen wir nach einer Weile nach rechts hinab zu der parallel verlaufenden Straße ⓰. Ihr folgen wir bis zum rechts abgehenden Wiesenweg. Er bringt uns zur Schatthäuser Straße. Nach links geht es nun zurück zum **Rathaus**.

Farbenprächtiger Blick über die hügelige Kraichgaulandschaft.

TOUR 20 — Kraichgau

Adelige und jüdische Geschichte 20
Zwischen Neckarbischofsheim und Waibstadt

 2 Std.
 7,1 km
110 Hm

Neckarbischofsheim – Pulvermühle – Jüdischer Friedhof – Waldrand – Neckarbischofsheim

 Wir wandern auf festen Wegen.

 Jüdischer Friedhof, Aussicht, Landschaft, Schloss, Schlosspark, Zentrum Neckarbischofsheim

 Neckarbischofsheim

Geschichte und eine typische Kraichgaulandschaft mit Feldern, Wiesen und natürlich Hügeln sind die wesentlichen Elemente dieser Wanderung. Wir starten am Schloss von Neckarbischofsheim und wandern zwischen Wiesen und Feldern in den Wald. Dort treffen wir auf den Jüdischen Friedhof von Waibstadt. Neben den typischen Grabsteinen steht dort auch das große Weil-Mausoleum. Danach geht es mit teilweise schöner Aussicht über die Hügellandschaft zwischen Feldern zurück nach Neckarbischofsheim. Hier kann man sich im Schlosspark erholen; Schloss und die Innenstadt bieten zudem genügend, um sich in die Geschichte des Ortes einzufinden.

Über die Felder geht es in den Wald.

Wenn wir in der **Ziegelgasse in Neckarbischofsheim** geparkt haben, gehen wir zurück zur Hauptstraße und auf die andere Seite des Baches. Dort steht das Wanderschild **Hauptstraße** (176 m) ❶. Nun wandern wir links des Baches an der Schlossmauer entlang. Wir passieren das Schild **Schlossgartenmauer** (175 m), überqueren einen weiteren Bach und kommen danach zu einer Querstraße vor dem Hang ❷. Hier biegen wir rechts ab.

Jetzt wandern wir entlang des **Gewerbegebiets**, danach ein Stück hindurch. Später zieht die Straße nach rechts. Vor der nach Waibstadt führenden Straße biegen wir links ab zur Pulvermühle. Am Schild **Pulvermühle** (170 m) ❺ halten wir uns vor dem Gebäude links. Kurz danach zweigen wir rechts ab. Wir folgen dem Weg zwischen Wiesen und Feldern und kommen in einen als Na-

Jüdischer Friedhof Waibstadt

Der jüdische Friedhof Waibstadt wurde nach dem Dreißigjährigen Krieg als zweiter »Israelitischer Verbandsfriedhof« im Kraichgau angelegt. Ab dem Jahr 1629 war bereits ein jüdischer Friedhof in Oberöwisheim erbaut worden. Hier wurden Juden aus 19 pfälzischen und reichsritterschaftlichen Orten der Umgebung begraben. Bis 1860 wurden hier die Toten aus etwa 80 Gemeinden beerdigt. Der älteste registrierte Grabstein der insgesamt über 2500 stammt von 1690. Das letzte Mal fand hier ein Begräbnis im April 1939 statt. Neben dem Friedhof steht das Mausoleum des aus Steinsfurt stammenden jüdischen Unternehmers Hermann Weil (1868–1927) und seiner Frau. Da der jüdische Ritus Urnenbestattungen auf Friedhöfen verbietet, erbaute Weil 1924 neben dem Friedhof das Mausoleum mit einem achteckigen Kuppelbau, Ehrenhof und Treppenanlage für die Urnen von sich, seiner (christlichen) Frau und seiner Pflegerin Steffi Krauth. Im Rahmen der Pogrome vom 10. November 1938 wurde das Mausoleum geschändet und schwer beschädigt, dabei kamen auch die drei Urnen abhanden.

Neckarbischofsheim

Im Park von Neckarbischofsheim steht das erst als Wasserschloss erbaute Alte Schloss (13. Jh.). Sein Treppenturm entstand, ebenso wie die Fresken im Rittersaal, in der Renaissance (1546). Innen besitzt es bemerkenswerte Malereien. Das Renaissance-Prachttor im Park ist als steinerner Torbogen mit Reliefschmuck gestaltet, der um 1550 von dem Heilbronner Meister Adam Wagner erbaut wurde. Vor diesem Torbogen sehen wir das spätklassizistische Neue Schloss (1829), an dessen Südseite man das Brunnenweible (1720) findet. Die Stadtkirche wurde an der Stelle einer früheren Marienkapelle errichtet. Ihr Turm ist von 1543, das Renaissance-Langhaus von 1611/12. Es wurde wie die manieristischen Portale und die prächtige Renaissance-Kanzel (1611) vom Heilbronner Bildhauer Jakob Müller erbaut. Neben der Kirche sieht man die ehemalige Zehntscheune (1570).

Weiter bemerkenswert ist die ehemalige Stadtmühle von Neckarbischofsheim; sie wurde 1582 in Fachwerkbauweise erbaut und war bis 1960 in Betrieb. Das vor 1700 erbaute Gasthaus Zum Löwen ist ein mächtiges Gebäude mit reichem Zierfachwerk. Das Rentamt der Herren von Helmstatt wurde 1577 mit Zierfachwerk mit Fenstererker errichtet und 1797 umgebaut. Gegenüber dieser Gruppe steht das ehemalige Rathaus (1843), dahinter die Alexanderburg (16. Jh.), benannt nach Alexander I. von Helmstatt († 1536). Hier wurden der Dichter Karl Mayer (22. März 1786) und der Landschaftsmaler Louis Mayer (23. Mai 1791) geboren. Von der Stadtmauer Neckarbischofsheims ist noch ein Rest mit Rundturm erhalten. Nördlich, hinter dem

Adelige und jüdische Geschichte

Krebsbach, steht das barocke Gasthaus Drei König (16. Jh.). Das Portal ist von 1796. Daneben sieht man die 1329 erstmals erwähnte, im Barock erweiterte Pfarrkirche St. Johann. Sie besitzt Wandmalereien (Chor, um 1360, Heiligendarstellungen und Christophorus im Schiff 15./16. Jh.), Epitaphien und Grabsteine der Herren von Helmstatt (1343–18. Jh.). Besonders sehenswert sind Ritter Witprecht († 1408) und Epitaphien aus der Spätrenaissance mit lebensgroßen Skulpturen. Das siebenachsige Gebäude der Stadtapotheke wurde 1824 als Bezirksamt im klassizistischen Weinbrennerstil erbaut und dient seit 1881 als Apotheke.

turschutzgebiet ausgewiesenen Wald. Dort gehen wir, bis nach einer Linkskurve ein Weg zum »Waibstadter Waldlehrpfad« scharf links abzweigt ❹. Auf ihm gehen wir nun etwas bergauf.

Später zieht er nach rechts, jetzt kommen zahlreiche Stationen des Waldlehrpfads, wo man sich die interessanten Tafeln ansehen sollte. Danach erreichen wir den **jüdischen Wald-Friedhof** ❺ von Waibstadt.

Wir folgen dem Weg noch etwas weiter bis zum Wanderschild **Beim Mausoleum** (223 m). Hier biegen wir links ab. Es geht kurz aufwärts, dann verlassen wir den Wald. Wir gehen kurz nach rechts, dann biegen wir links ab ❻. Nun wandern wir zwischen Feldern mit schöner Sicht über die hügelige Landschaft bis zu einem querenden Weg.

Die sanfte Kraichgauer Hügellandschaft – immer wieder schön.

TOUR 20

Kraichgau

INFOS

Rad- und Wanderwegekarte Rund um den Steinsberg, 1 : 23 000, Stadt Sinsheim; Wander- und Radwanderkarte 17 Kleiner Odenwald, 1 : 20 000, Geo-Naturpark Bergstraße-Odenwald und Naturpark Neckartal-Odenwald; Freizeitkarte F513 Mannheim Heidelberg, 1 : 50 000, Landesamt für Geoinformation und Landentwicklung Baden-Württemberg (LGL)

www.naturpark-neckartal-odenwald.de;
www.sinsheimer-erlebnisregion.de;
www.neckar
bischofsheim.de;
www.waibstadt.de

S-Bahn bis Neckarbischofsheim-Nord, ab da mit dem Bus. Im Sommer auch mit historischem Schienenbus bis Neckarbischofsheim-Stadt

Neckarbischofsheim, Ziegelgasse,
GPS 49.293942,
8.960540

St. Salvator in Neckarbischofsheim.

Hier biegen wir beim Schild **Autengrund** (224 m) links ab. Etwas später kommen wir in ein weites Tal und erreichen nach einem Links-Rechts-Knick einen Querweg ❼. Auf ihm gehen wir nach rechts weiter. Der Weg beschreibt etwas später vor dem Wald eine Linkskurve. Nun steigt er etwas an bis zu einem Höhenrücken, danach fällt der Weg wieder. Im Tal biegen wir am Schild **Lindenhof** (193 m) und dem gleichnamigen Hof links ab.

Bald erreichen wir wieder die ersten Häuser von **Neckarbischofsheim**. Wir gehen in der Sinsheimer Straße geradeaus, bis der Bitzweg anfängt. Hier biegen wir mit dem Wanderzeichen blaues Quadrat rechts ab ❽. Nach einer Freifläche zwischen der Bebauung steht links das Wanderschild **Am Rosenbach** (176 m). In die Ortsmitte geht es hier geradeaus weiter, wir biegen aber links ab in Richtung »Schloss«.

Ein schmaler Fußpfad führt uns zum Schild **Schlosspark** (173 m) ❾. Wir halten uns rechts und kommen in den schönen Park. Hier bieten sich die Bänke beim **Teich** vor dem Schloss zu einer gemütlichen Rast an. Dann gehen wir zur rechten Seeseite, danach nach links durch das Prachttor hindurch und rechts des Schlosses zum Ausgang. Dahinter spazieren wir an der reich geschmückten **evangelischen Kirche** St. Salvator vorbei zur Hauptstraße. Nach links bringt sie uns zurück zum Ausgangspunkt.

TOUR 21　　　　　　　　　　　　　　　　　　Kraichgau

Viel Aussicht über die Weinberge　21

Weinwanderweg Mannaberg und Weinpfad Kraichgau

 4¼ Std.
 15,5 km
▲ 240 Hm

Wiesloch – Michaelskapelle – Rauenberg – Rotenberg – Wiesloch

Die Wanderung verläuft auf festen Wegen, nur kurze Stücke unbefestigt. Die Wanderung ist bis zum Aussichtspavillon oberhalb von Rotenberg teilweise mit dem Zeichen »Blaue Traube in weißem Ring auf gelbem Grund« des Weinwanderwegs Mannaberg und dem blauen W des Weinpfads Kraichgau beschildert. Da die Beschilderung aber manchmal fehlt, muss man gut aufpassen. Wegen des teilweise komplizierten Verlaufs ist es von Vorteil, wenn man sich den Track herunterlädt oder eine der ...

Gleich auf zwei Weinwanderwegen verläuft diese Wanderung, allerdings auf beiden nur ein Teilstück des gesamten Wanderwegs. Sie führt uns fast ständig durch Weinberge, und fast von überall hat man eine herrliche Fernsicht über das »Land der 1000 Hügel«, den Kraichgau, und seine Weinberge auf den sanft geschwungenen Hügeln. Besonders empfehlenswert ist die Wanderung, wie alle Touren, die durch Weinberge führen, im Herbst, wenn das Weinlaub ein Furioso an Farben entfaltet.

Wir nehmen, vor dem **Winzerkeller in Wiesloch** ❶ stehend, den links an dem großen Gebäude vorbeiführenden Weg. Nach einem kurzen Stück bergauf biegen wir mit dem blauen W links ab, halten uns an einer Wiese mit Obstbäumen rechts und erreichen kurz danach einen **Pavillon (Bussier-Häusel)** mit der Bacchus-Skulptur des »Speedy Gonzales« ❷ und der Erklärung zu dieser Figur.

Nun biegen wir links ab und kommen zu einer **Rast- und Andachtsstätte mit dem Wetterkreuz**. Am querenden Weg danach biegen wir rechts ab. Etwas später kommen wir zur **Johann-Philipp-Bronner-Hütte** ❸. Auf der ande-

Viel Aussicht über die Weinberge

ren Talseite sieht man von hier aus schön nach Rauenberg. Wir biegen links ab und wandern nun eine Weile geradeaus. Es geht vorbei an einigen Bänken, dem **Drei-Länder-Eck** (176,3 m) und schließlich an einem ausdrucksstarken Kruzifix. Am **Querweg** danach ❹ biegen wir rechts ab und halten uns vor der Autobahn links.

Bald treffen wir auf eine Straße. Auf ihr unterqueren wir die **Autobahn**, danach wechseln wir auf die linke Seite der Straße und folgen ihr eine Weile. Wir queren die Straße Hasselbach und wandern geradeaus, bis wir nach eingezäunten Grundstücken und einem Gehölz nach links ❺ verwiesen werden. Nun steigt es etwas an zum **Mannaberg**. An der nächsten Kreuzung gehen wir nach links aufwärts. Der Weg zieht oben nach rechts, danach halten wir uns an der nächsten Kreuzung links und gleich wieder rechts. Nun beschreibt der Weg einen U-förmigen Bogen um den Mannaberg. An der Linkskurve steht links oben die **Michaelskapelle** ❻. Jetzt gehen wir mit dem blauem W auf dem rechten Weg bergab. Nach einer Linkskurve kommen wir zu einem Querweg.

Hier spazieren wir nach rechts kurz hinab, dann halten wir uns scharf links ❼. Wir folgen nun dem anfangs parallel zur Asphaltstraße verlaufenden unbefestigten Weg. Er zieht in einer weiten Kurve nach rechts. Nach dem Wald und vor den Weinbergen biegen wir scharf rechts ab ❽. Bald geht der Naturweg in einen Asphaltweg über und wir wandern auf die Kirche von Rauenberg zu.

... empfohlenen Apps installiert hat.

📷
Weinberge, Aussicht, Speedy Bacchus

🍴 🍺
Wiesloch, Rauenberg

Blick zum Schloss in Rotenberg.

TOUR 21

Kraichgau

An der Michaelskapelle.

Der Weg beschreibt nun wieder einen U-Bogen. An einem Querweg biegen wir rechts, dann bei einem Kruzifix gleich wieder links ab. Nun steigt unser Weg durch einen Hohlweg etwas an. Nach dem Hohlweg gehen wir auf einem unbefestigten Weg wieder bergab. Kurz danach an einer Linkskurve steht rechts des Weges ein großes weißen **Kruzifix** mit drei trauernden Figuren.

Am folgenden Querweg biegen wir links ab. Nun geht es durch eine weite Landschaft bis zu einer Kreuzung vor dem Hügel. Hier wandern wir nach rechts bergab ❾ und halten uns am Querweg wieder rechts und kommen zu den ersten Häusern von **Rauenberg**.

Dort biegen wir links ab, folgen dem Weg an seiner Rechtskurve und spazieren eine Weile durch ein flaches Wiesental. Etwas später werden wir scharf nach links verwiesen ❿. Nun steigt es wieder an. Vor dem Wald beschreibt der Weg eine scharfe Rechtskurve. Weiter ansteigend kommen wir zu einem Querweg vor Stromleitungen. Hier biegen wir rechts ab und wandern auch rechts der Leitungen weiter. An einem Querweg vor Häusern biegen wir rechts ab ⓫. Er bringt uns nach **Rotenberg**. Hier orientieren wir uns an der Verzweigung nach **Haus Nr. 3** links. Bald gehen wir durch ein wie unberührt wirkendes Stück wuchernde Natur. Vor den

Im Herbst sind die Weinberge am schönsten.

TOUR 21 Kraichgau

INFOS

Freizeitkarte F513 Mannheim Heidelberg, 1 : 50 000, Landesamt für Geoinformation und Landentwicklung Baden-Württemberg (LGL)

www.wiesloch.de

Bahn bis Wiesloch-Walldorf, weiter mit dem Bus

Wiesloch, Winzerkeller, Bögnerweg, GPS 49.285773, 8.699659

Feldern biegen wir rechts ab ⓬ auf einen unbefestigten Weg. Er bringt uns zu einem Feldweg, wo wir uns links halten. Er zieht nach rechts, dann geht er asphaltiert weiter.

Am nächsten Querweg biegen wir rechts ab und kommen bald zu einem **Aussichtspavillon** ⓭. Nach ihm folgen wir dem Weg weiter. An der nächsten Kreuzung biegen wir rechts ab, an der übernächsten noch einmal. Nun geht es hinab nach Rotenberg, wo wir nach rechts in den Ort ⓮ hineingehen.

Wir folgen der Straße Hofäcker bis zu einer Verzweigung. Hier biegen wir links ab (Weiherstraße), die gleich nach rechts zieht. Jetzt wandern wir eine ganze Weile geradeaus. Nach den Häusern geht es durch die Auwiesen des **Angelbachtals**, danach rechts am **Tierpark** vorbei. Die Bahnhofstraße bringt uns nun zur querenden Hauptstraße. Wir halten uns rechts, dann gleich wieder links in die Dielheimer Straße ⓯.

Viel Aussicht über die Weinberge

Wir erreichen einen **Kreisverkehr**, wo wir die erste Straße nach rechts in Richtung »Autobahn« nehmen. An der Verzweigung vor dem **Kruzifix** von 1892 nehmen wir die linke Straße Stockswiesen. Nach dem nächsten **Kreisverkehr** gehen wir geradeaus in der Straße In der Landschaft weiter. Wir unterqueren die **Autobahn** und folgen dem Sträßchen, bis wir vor uns schon die Anlage des Winzerkellers sehen. Hier folgen wir dem Wegweiser ⓰ nach rechts in Richtung »Kelterplatz Bürgerwingert«.

Der Weg steigt etwas an, dann erreichen wir wieder den **Pavillon mit der Bacchus-Skulptur »Speedy Gonzales«** ❷. Nun gehen wir auf bekanntem Weg zurück: Wir biegen links ab, danach noch einmal und dann wieder rechts. Kurz darauf sind wir wieder zurück am Ausgangspunkt beim **Winzerkeller**.

Blick über Rauenberg.

TOUR 22 — Kraichgau

Durch den schönen Kraichgauwald 22
Von Hoffenheim nach Zuzenhausen auf den Gigglerskopf

- ⏱ 3 ¼ Std.
- ↦ 11,3 km
- ▲ 220 Hm

Hoffenheim – Dietmar-Hopp-Stadion – Hans-Klausen-Feld-Hütte – Gigglerskopfhütte – Zuzenhausen – Hummelwiesenhütte – Kalkofenhütte – Hoffenheim

Die Wanderung verläuft auf festen Wegen.

Landschaft, Wald, Hoffenheim

Hoffenheim, Zuzenhausen

Der Kraichgau ist zwar vor allem vermutlich wegen seiner Felder bekannt, hat aber auch idyllische Wälder zu bieten. Wir wandern bei dieser Tour von Hoffenheim – der Name steht nicht nur für Fußball – durch den Wald nach Zuzenhausen. Unterwegs kommen wir an ein paar Hütten im Wald vorbei, an denen man nicht nur rasten, sondern auch grillen kann. Hat man noch Zeit, lohnt sich anschließend in Hoffenheim ein Ortsrundgang auf dem vom Heimatverein ausgeschilderten Weg.

Rasten auf urigen Bänken, dieses Erlebnis bietet sich einem immer wieder.

Wir gehen vom **Bahnhof** ❶ aus in Richtung der Durchgangsstraße. Wir erreichen sie, nachdem wir die Elsenz überquert haben. Etwas nach links versetzt gehen wir dann in der Waibstadter Straße weiter. Wir kommen am **Heimatmuseum** vorbei, etwas später halten wir uns an der Gedenkstätte für die deportierte jüdische Bevölkerung links in die **Silbergasse** ❷. Immer ansteigend biegen wir nach der **Bushaltestelle Sperberstraße** ❸ rechts in die gleichnamige Straße ein.

An der querenden **Straße Am Ring** ❹ halten wir uns links zum Waldrand und gehen dort nach rechts in ihn hinein.

Durch den schönen Kraichgauwald

Nun wandern wir rechts am **Dietmar-Hopp-Stadion** vorbei. An dessen Ecke gehen wir im Stoffelsweg nach rechts in den Wald. Wir gehen nun immer geradeaus bis der **Horlesklingenweg** 5 quert. Auf ihm wandern wir nun nach links. Wo an einer Verzweigung links der **Tannenweg** 12 abgeht – hier kommen wir später von links wieder zurück – wandern wir rechts in Richtung »Gigglerskopfhütte« weiter. Später gehen rechts zwei Wege ab, wir gehen aber auf dem linken Horlesklingenweg mit dem Zeichen DA 2 weiter sanft bergauf.

An der pavillonartigen **Hans-Klausen-Feld-Hütte** 6 biegen wir rechts ab. An der Verzweigung, wo der Hans-Klausen-Feldweg rechts abgeht, wandern wir links bzw. geradeaus weiter, nun entlang des Waldrands, wo wir rechts Streuobstwiesen sehen.

An einer Waldecke biegen wir mit dem Zeichen gelbe Raute links ab in Richtung »Zuzenhausen«. Kurz darauf se-

TOUR 22 — Kraichgau

INFOS

Wander- und Radwanderkarte 17 Kleiner Odenwald, 1 : 20 000, Geo-Naturpark Bergstraße-Odenwald und Naturpark Neckartal-Odenwald; Rad- und Wanderwegekarte Rund um den Steinsberg, 1 : 23 000, Stadt Sinsheim

www.sinsheimer-erlebnisregion.de;
www.zuzenhausen.de

Blick zur Kalkofenhütte.

hen wir links die **Gigglerskopfhütte** ❼. Wir folgen nun immer der gelben Raute und wandern zwischen Hecken und Streuobstwiesen, dazwischen immer wieder mit einem weiten Blick über die Landschaft, bis zu einem **asphaltierten Sträßchen** ❽. Ihm folgen wir nach links bergab. Begleitet werden wir von Informationstafeln des Lehrwegs »Landwirtschaft und Jagd«. In Zuzenhausen nennt sich dieser Weg Rechgasse. Im Ort biegen wir links ab in die **Hauptstraße** ❾, etwas später halten wir uns links in den Mühlweg. Nun wandern wir entlang der Elsenz.

Es geht rechts am **Sportplatz** vorbei, dann erreichen wir die **Kolbmühle** mit ihrem Erlebniszentrum. Was alles geboten wird, kann man unter www.muehlekolb.de nachlesen. Etwas später überqueren wir einen Bach und bald zieht der Weg nach links zum Wald. Am Waldrand biegen wir rechts ab in den **Hummelwiesenweg** ❿.

Bald kommen wir an der **Hummelwiesenhütte** mit einer Grillstelle vorbei. Nach dem Wald wandern wir kurz entlang von Wiesen, dann zweigen wir scharf links ⓫ ab in den mit einer Schranke geschützten Weg und kommen wieder in den Wald. Nach einem Anstieg und einer Rechtskurve ig-

norieren wir einen rechts abgehenden, bezeichneten Weg und gehen geradeaus weiter.

Nach einiger Zeit stoßen wir auf den Bangertsklingenweg, dem wir nach rechts abwärts folgen. Am nächsten Querweg (Kriegsweg) halten wir uns rechts, kurz danach biegen wir links in den Tannenweg ein. Er steigt an bis zum querenden Eschelbronner Weg. An der **Kreuzung** gehen wir geradeaus weiter und erreichen wieder den **Horlesklingenweg** 12. Ihm folgen wir nach rechts. Wo rechts der Stoffelsweg abgeht, können wir auf bekanntem Weg zurückgehen. Ansonsten gehen wir weiter bergab bis zur **Kalkofenhütte** 13, wo man nicht nur in oder bei der Schutzhütte gut rasten oder grillen kann, sondern wo auch ein großer Spielplatz liegt.

Danach gehen wir zur davor verlaufenden Daisbacher Straße, der wir nach rechts folgen. An der **Brücke** 14 nach dem Wald biegen wir rechts ab in die Waibstadter Straße. Ihr folgen wir erst etwas hinauf zur Straße Am Ring, danach geht es hinab bis zur Silbergasse 2. Wir gehen nun wieder in der Waibstadter Straße auf bekanntem Weg zurück zum **Ausgangspunkt**.

S-Bahn nach Hoffenheim

Hoffenheim, Bahnhof, GPS 49.271414, 8.838030

Die Wanderung gibt uns die Gelegenheit zum intensiven »Waldbaden«.

TOUR 23 — Kraichgau

Rund um den Letzenberg 23
Auf dem Weinwanderweg Malsch

🕐 2 Std.
↦ 6,8 km
▲ 120 Hm

Malsch – Weinberge – Sendemast – Malschenberg – Letzenbergkapelle – Weinberge – Malsch

Die Wanderung verläuft ohne große Höhenunterschiede auf asphaltierten Wegen.

Weinberge, Letzenbergkapelle

Malsch

Beim »Weinwanderweg Malsch – Rund um den Letzenberg« wandern wir durch die weiten Weinberge um den Ort im nördlichen Kraichgau. Zahlreiche Infotafeln am Weg vermitteln viel Wissenswertes über den Wein. Immer wieder bietet sich ein weiter Blick in die Umgebung. Malsch hatte aber auch Bedeutung für den Bauernaufstand im Kraichgau. Eines der bedeutendsten damaligen Ereignisse begann hier in der Osterwoche 1525, denn auf dem Letzenberg, heute Standort einer beliebten Wallfahrtskapelle, versammelten sich die Bauern.

Weinberge und Baumgruppen: Blick über die reich strukturierte Landschaft

Gleich hinter dem **Parkplatz am Anfang der Tonwerkstraße in Malsch** ❶ geht der Kapellenpfad ab. Ihm folgen wir aus dem Ort hinaus. Am nächsten rechts abgehenden Sträßchen – es ist der Zufahrtsweg zur Letzenbergkapelle, auf dem wir zurückkommen – gehen wir geradeaus weiter. Gleich darauf sehen wir rechts Tafel 1 von vielen, die noch kommen werden.

Nach etwas Anstieg steht rechts ein **Flurkreuz** von 1876 ❷; hier biegen wir rechts ab. Nun geht es eine Weile mit

Auf und Ab geradeaus weiter zu **Tafel 4** ❸; hier knickt der Weg rechts ab. Danach fällt es wieder.

Nach **Tafel 6** biegen wir links ab ❹. Nun geht es immer geradeaus weiter. Später folgen die Kreuzwegstationen 3 und 2 und Tafel 7. Bei der **Kreuzwegstation 1** zieht unser Weg nach rechts, nun fällt er wieder. Rechts sehen wir **Tafel 8 Trockenmauer**, dabei steht auch eine derartige Mauer. Kurz danach biegen wir links ab ❺. Etwas später wandern wir an der **Rochuskapelle** vorbei, die ein schönes schmiedeeisernes Gitter besitzt.

Etwas später zweigen wir mit der Beschilderung für Weg 2 nach rechts ab ❻. Jetzt folgt Tafel 1. Wo wir fast auf Häuser stoßen, zieht unser Wanderweg nach links. Etwas später überqueren wir eine Straße. Kurz danach biegen wir an **Tafel 2** ❼ rechts ab und wandern bis zu einem **Hof** ❽. Dort halten wir uns links. Wir stoßen auf einen querenden Weg, wo wir uns links halten ❾ und an Tafel 4 vorbei gehen. Gleich danach orientieren wir uns rechts ❿ und gehen bis zum Waldrand. Dort gehen wir nach links hinauf ⓫.

Erst begleitet uns rechts der Wald, danach Obstbaumwiesen. Wir stoßen auf der Höhe auf einen querstehenden Wald und biegen links ab. Gleich danach bei der **Antenne** ⓬ halten wir uns wieder links. Danach folgen wir dem zweiten rechts abge-

Rochuskapelle

Die Rochuskapelle stammt aus der Zeit von Bischof Damian Hugo Philipp Graf von Schönborn, der von 1719 bis 1743 regierender Fürstbischof des Bistums Speyer war. In der Kapelle steht eine Kopie einer aus der Zeit um 1670 stammenden Rochusstatue. Rochus war ein Heiliger aus Frankreich, der um 1295 geboren worden war. Er pflegte Pestkranke, bis er 1320 selbst von der Pest befallen wurde. Als er von einem Aufenthalt in Rom in seine Heimatstadt Montpellier heimkehrte, wurde er als Spion eingekerkert und starb dort 1327.

TOUR 23   Kraichgau

INFOS

Freizeitkarte F513 Mannheim Heidelberg, 1 : 50000, Landesamt für Geoinformation und Landentwicklung Baden-Württemberg (LGL)

www.malsch-weinort.de

S-Bahn bis Malsch

Malsch, Parkplatz Tonwerkstraße, GPS 49.245507, 8.674096

Blick über die Weinberge auf Malsch.

henden Weg. Bald wandern wir an einer **Kapelle** und Tafel 8 vorbei. Etwas später stoßen wir auf einen querenden Weg, hinter dem ein großes, von einer Hecke eingefasstes **Kreuz** ⓭ in einer Baumgruppe steht. Hier halten wir uns links.

An der nächsten querenden Straße steht ein großes **Kruzifix** ⓮. Wir biegen rechts ab und wandern zum Ortsschild von **Malschenberg**. Dort überqueren wir die Straße und

wandern auf der anderen Seite auf dem nach rechts ziehenden Weg weiter. Am nächsten Querweg halten wir uns links, dann folgen wir dem zweiten Weg nach rechts. Der Weg zieht an **Tafel 11** nach links. Gleich darauf biegen wir rechts ab. Etwas später sind wir bei der **Letzenbergkapelle** 15.

Wir gehen nach der Kapelle noch geradeaus weiter, kommen am **Parkplatz** vorbei und folgen dann dem Weg, vorbei an Tafel 13, nach links bergab. Nach Tafel 14 treffen wir auf einen Querweg, den wir noch vom Anfang her kennen. Wir gehen nach rechts, biegen aber am nächsten Querweg links ab.

Nach den ersten Häusern treffen wir auf den Kapellenpfad. Nach links geht es wieder hinab zum Ausgangspunkt.

Letzenbergkapelle

1296 wurde der Letzenberg (244 m) erstmals als Wallfahrtsort erwähnt. Um 1300 soll hier eine zu einem Gutshof gehörende Kapelle gestanden haben. Obwohl der Speyerer Fürstbischof 1722 eine Kollekte zur Erbauung einer Kapelle erlaubte, wurde diese trotzdem nicht errichtet. Im Jahr 1855 stellte man schließlich ein gusseisernes Kreuz auf, 1883/1884 wurde ein erster Kreuzweg geschaffen. Der Grundstein für die heutige Kapelle wurde im Jahr 1902 gelegt und 1903 wurde sie eingeweiht. Beim Bau stieß man auf Überreste des Gutshofes.

TOUR 24 — Kraichgau

Felder, Schlösser und Aussicht 24
Auf dem Panoramaweg um Angelbachtal

- 4 ¼ Std.
- 15,3 km
- 240 Hm

Angelbachtal – Wasserschloss Eichtersheim – Jüdischer Friedhof – Erlensee – Bauernsiedlung – Panoramatafel – Langental – Eberbachtal – Naturerlebnispfad – Angelbachtal

Die Wanderung ist zwar recht lang, verläuft jedoch auf festen und gut zu gehenden Wegen. Auch die Höhenunterschiede halten sich in Grenzen. Der Weg ist ausnehmend gut mit einer weißen 1 im lila Quadrat markiert.

Schlösser, Landschaft, Aussicht

Angelbachtal

Im Kraichgau findet man zwar nicht die ganz großen landschaftlichen Sensationen, dafür aber eine interessante, lebhaft bewegte Landschaft mit Wald und Wiesen, Feldern, Weinbergen und Streuobstwiesen. Je nach Jahreszeit gibt es hier immer was zu sehen. Im Sommer beispielsweise die Frucht auf den Feldern, im Herbst die bunten Blätter der Weinberge und Wälder. Und von den Höhen hat man eine weite Aussicht über das nördliche Baden-Württemberg. Zudem findet man hier in den Orten oft alte, sehenswerte Gebäude. Bei dieser Wanderung kommt man auch an zwei Schlössern vorbei.

An der Schulstraße beim **Festplatz** ❶ von Angelbachtal stehen zwei Wanderschilder, auf einem finden wir das Wanderzeichen für den Wanderweg 1. Er weist uns auf der Schulseite nach dem Parkplatz von der Straße weg in Richtung »Wasserschloss Eichtersheim«. Wir gehen links an der Sonnenberghalle vorbei, danach überqueren wir den Angelbach nach links und kommen in den wunderschönen **Schlosspark**. Hier sehen wir zahlreiche prächtige alte Bäume, dazu das **Wasserschloss Eichtersheim** ❷.

Felder, Schlösser und Aussicht

Wir gehen rechts an ihm vorbei, dann bleiben wir rechts und verlassen bald den Park. Nach dem Eisentor und vor der Kirche halten wir uns links zur Schlossapotheke und dem **Friedrich-Hecker-Platz**. Dort gehen wir geradeaus in der Hauptstraße weiter. Nach der rechts liegenden evangelischen Kirche und **Haus Nr. 21** biegen wir links ab in die

Schloss Eichtersheim

Das Wasserschloss Eichtersheim wurde im 16. Jahrhundert durch die Herren von Venningen erbaut, sein heutiges Aussehen erhielt es jedoch erst im 18. Jahrhundert. Es ist von einem Wassergraben umgeben. Von seinen einst zwei Türmen ist nur noch einer vorhanden. Die heutige Gestalt entstand im Wesentlichen durch einen Umbau unter Carl Philipp von Venningen 1767. Damals entstanden auch die barocke zweiarmige Freitreppe zum Hauptportal sowie die prächtige Treppenanlage im Inneren. Der fast sieben Hektar große Park wurde in der zweiten Hälfte des 19. Jahrhunderts im Stil eines englischen Landschaftsgartens von dem späteren Gartenbaudirektor in Karlsruhe, dem aus Eichtersheim stammenden Friedrich Ries, angelegt. Hier kann man mächtige alte Bäume bewundern. Seltene Arten sind zum Beispiel eine Hängebuche (fagus silvatica pendula) oder ein alter Ginkgo-Baum. Bis 1963 gehörte das Schloss der Familie von Venningen, dann wurde es von der Gemeinde Eichtersheim erworben. 1977 beschloss man den Umbau des Schlosses zum Rathaus.

TOUR 24

Kraichgau

Felder, Schlösser und Aussicht

Naturerlebnispfad Angelbachtal

Der Naturerlebnispfad ist 2,8 km lang, weist eine leichte Steigung auf und nimmt etwa eine Stunde Zeit in Anspruch. Wir wandern ihn jedoch nur auf einer Teilstrecke ab. Er bietet einige Stationen, die zwar für Kinder gedacht, aber auch für Erwachsene interessant sind. Zudem verläuft er durch einen sogenannten Waldmeister-Buchenwald, der Lebensraum für zahlreiche Tier- und Pflanzenarten ist. Aufgrund seiner reichen Flora und Fauna gehört der Wald zum europäischen Schutzgebiet-Netzwerk Natura 2000.
Info: www.buchenwaldmeister.de

Rastplatz mit Panoramatafel

Der Rastplatz bietet eine weite Aussicht, die auf einer metallenen Tafel erklärt wird. Der Blick reicht nach Westen über die Rheinebene zu den Bergen des Pfälzer Walds, nach Norden zum Odenwald und über die hügelige Landschaft des Kraichgaus. Aufgeführt sind auf der Tafel auch zahlreiche Orte.

Frankenstraße. An der nächsten Querstraße, immer noch Frankenstraße, orientieren wir uns rechts.

Nach einem Stück bergab kommen wir zur B 39, der wir geradeaus folgen. Wir überqueren die Wusseldornstraße und orientieren uns bald darauf an dem eingezäunten Grundstück links. Rechts sehen wir schon den **Jüdischen Friedhof** ❸. Er besitzt wie alle jüdischen Friedhöfe interessante Grabsteine.

Wir wandern weiter geradeaus, bald in einem Hohlweg etwas aufwärts. Auf der Höhe werden wir nach links zum Erlensee verwiesen. An diesem idyllischen **See** ❹ locken einige Bänke zur Rast. Nach dem See halten wir uns an einem querenden Weg rechts. Er knickt bald links ab und bringt uns zur **B 292**. Dort halten wir uns kurz rechts, dann überqueren wir sie ❺. Wir wandern nun geradeaus weiter, vorbei an der **Bauernsiedlung** und bald mit weiter Aussicht über die Landschaft.

Schließlich kommen wir zu einem querenden Weg, wo wir rechts abbiegen. Im Zwickel der beiden Wege liegt ein **Rastplatz mit Tischen und Bänken, dazu eine Panoramatafel** ❻.

Am Rastplatz halten wir uns also rechts. Etwas später werden wir nach links, nach kurzem Bergab noch einmal

Das Wasserschloss in Eichtersheim ist von einem schönen Park umgeben.

TOUR 24 — Kraichgau

INFOS

Freizeitkarte F517 Stromberg Heuchelberg, 1 : 50 000, Landesamt für Geoinformation und Landentwicklung Baden-Württemberg (LGL); Wanderkarte Angelbachtal, erhältlich über die Gemeinde; Rad- und Wanderwegekarte Rund um den Steinsberg, 1 : 23 000, Stadt Sinsheim

www.sinsheimer-erlebnisregion.de;
www.kraichgau-stromberg.de;
www.angelbachtal.de;
www.buchenwaldmeister.de

S-Bahn oder R-Bahn bis Sinsheim oder Wiesloch-Walldorf, weiter mit dem Bus bis Angelbachtal, Haltestelle Schloss

Angelbachtal, Parkplatz zwischen Sonnenbergschule und Festplatz, Schulstraße, GPS 49.231014, 8.779005

---

nach links verwiesen. Nun wandern wir ein längeres Stück durch das **Langental**. Es bietet uns schöne Landschaftsszenen mit Feldern, Wiesen, Waldstücken und Weinbergen. An den Knicken des Wegs folgen wir immer der »1«.

Wir kommen an einem **ersten Hof** vorbei, kurz darauf vor dem **zweiten Hof** haben wir am **Wanderschild** ❼ zwei Möglichkeiten. Geradeaus können wir mit der Wegnummer 3 geradeaus zurückgehen, diese Variante wäre 2 km kürzer. Wer aber weiter Weg 1 folgen möchte, biegt hier rechts ab. Er steigt etwas an zu einem Höhenrücken, dann fällt er ab ins Eberbachtal. Dort orientieren wir uns am **Querweg** ❽ links.

Der Weg beschreibt bald eine Linkskurve und bringt uns ins **Gewerbegebiet**. Wir wandern links der L 551/Wilhelmstraße weiter bis zu einem **Kreisverkehr**. Dort wechseln wir auf die rechte Straßenseite und gehen am Supermarkt vorbei bis vor die ersten Häuser. Auch hier kann man die Tour abkürzen, indem man weitergeht, bis sich an der Kreuzung vor dem Schloss Michelfeld beide Varianten wieder vereinen.

Die längere Variante führt auf dem Naturerlebnispfad durch den Wald und bringt noch einen Anstieg mit sich. Dazu biegen wir vor den Häusern rechts ab ❾. Nach dem Angelbach halten wir uns links, vor dem Wald rechts. Hier beginnt am Kleintierzüchterheim der Naturerlebnispfad.

Wir gehen am Kleintierzüchterheim vorbei und passieren einige Stationen des Naturerlebnispfads. Nach der Station mit den Balken zweigen wir rechts in den Röhrigweg ab – auf dem geradeaus weiterführenden Weg kommen diejeni-

Felder, Schlösser und Aussicht

gen zurück, die nur den Pfad begehen wollen. Nun steigt es eine Weile an, Abwechslung bringen einige Stationen des Wegs, darunter eine Aussichtsterrasse, bei der man durch eine Art Fernglas das Reh auf der Lichtung suchen kann. Etwas später kommen wir zu einer **Hütte** ⑩. Der Naturerlebnispfad zweigt hier scharf links ab, und führt wieder zurück.

Wir nehmen aber den dahinter nach links führenden Friedrichsruhweg. Er steigt bald an, dann beschreibt er eine Rechtskurve und wir gehen auf der Höhe eine Weile geradeaus weiter. Dann folgen wir dem nächsten links abgehenden Weg (Buchrainweg). Dieser fällt nun wieder etwas und bringt uns schließlich nach einer Rechtskurve aus dem Wald. Dort biegen wir links ab.

Nun wandern wir zwischen Feldern, Baumwiesen und Weinbergen immer weiter meist abwärts bis zu den **ersten Häusern**. Dort gehen wir in der Karlstraße geradeaus weiter. An der nächsten Kreuzung biegen wir rechts ab in die Friedrichstraße ⑪. Hier kommen auch die Wanderer an, die den Abstecher zum Naturerlebnispfad nicht gemacht haben.

Wir gehen am rechts liegenden **Schloss Michelfeld** vorbei, danach halten wir uns rechts zur **evangelischen Kirche**. Vor ihr biegen wir links ab in die Obere Kirchgasse. Nach den Häusern gelangen wir in den **Park**. Wir spazieren in ihm kurz bergab, biegen dann rechts ab, überqueren die Brücke und kommen zurück zum Festplatz und unserem **Ausgangspunkt**.

Kindern wird der Naturerlebnispfad gefallen.

TOUR 25 — Kraichgau

Mit Auf und Ab durch Feld und Wald

Kneipp- und Steinsbergblick – Tour Sinsheim

25

- 3 ¼ Std.
- 11,1 km
- 210 Hm

Steinsfurt/Parkplatz Schützenhaus – Galluseckhütte – Insenbachtal – Wanderparkplatz – Kneippanlage – Parkplatz

Die Tour verläuft vorwiegend auf festen Wegen, nur ein kurzes Stück auf einem unbefestigten Weg. Sie ist durchgehend mit dem Wanderzeichen »Sinsheimer Erlebnisregion 2« markiert.

Wald, Tal

Sinsheim-Steinsfurt

Die Wanderung führt uns durch die Wälder und ein idyllisches Tal bei Sinsheim. Vor allem am Anfang haben wir einen prächtigen Blick über die Felder zum Steinsberg mit seiner Burgruine, aber auch später wandern wir durch eine schöne Landschaft. Auch die Stadt selbst hat mit dem Museumshof »Lerchennest – Friedrich-der-Große-Museum« und dem einen oder anderen historischen Gebäude einiges zu bieten, mit dem man sich nach der kurzen Wanderung einen ausgefüllten Tag gestalten kann.

rechts: Blick zur Burg Steinsberg, dem »Kompass des Kraichgaus«.

Am **Parkplatz vor dem Schützenhaus in Steinsfurt** finden wir eine große Übersichtskarte mit unserer Tour. Rechts davon geht eine Treppe steil hinauf zum Abenteuerspielplatz Dickwald. Bald stehen wir vor der burgartigen **Anlage**. Hier biegen wir rechts ab und gehen bald zwischen Feldern und dem Waldrand zum Ortsrand.

Vor den Häusern biegen wir links ab, halten uns aber gleich wieder rechts in den Hettenbergring. An der nächsten Querstraße biegen wir links ab. Leicht ansteigend beschreibt

Sinsheim

Die einstige freie Reichsstadt und später der Kurpfalz zugehörige Stadt Sinsheim wurde 1674 und 1689 durch die Franzosen fast vollständig zerstört, sodass nicht mehr viel an älterer Bausubstanz erhalten ist. Die Stiftskirche der Stadt stammt zwar aus dem 12. Jahrhundert, von der ursprünglich dreischiffigen Anlage ist jedoch nur noch wenig erhalten. Innen sieht man einen spätgotischen Lettner, ein Netzrippengewölbe mit Wappenschildern als Schlusssteine und Malereireste. Der ab 1524 erbaute, mit gequaderten Ecken und Umgangsbrüstung versehene Turm gilt als Wahrzeichen von Sinsheim. Am Eingang der Stiftskirche befinden sich Grabsteine aus dem 15. bis 17. Jahrhundert. Die evangelische Stadtkirche wurde 1782 bis 1785 erbaut, geht aber auf einen Vorgängerbau von 1483 zurück und diente einst lange Zeit als Simultankirche. Sie ist am Seiteneingang mit 1783 datiert. Vor ihr steht ein großes Kruzifix. Das ehemalige Rathaus in der Hauptstraße stammt von 1712 und besitzt Zierfachwerk; heute sitzt hier das Stadt- und Freiheitsmuseum. Sinsheim war zudem eine Hochburg der Demokratie- und Freiheitsbewegung und vom Sinsheimer Rathaus wurde am 24. April 1848 die demokratische Republik ausgerufen. Das großherzoglich-badische Amtsgericht wurde 1894 bis 1896 mit schönen Schmuckformen errichtet. Das Gasthaus Drei Könige wurde 1766 als katholisches Pfarrhaus erbaut. Im ehemaligen Gasthaus Zum schwarzen Bären, Hauptstr. 127, versammelten sich schon 1847 die revolutionären Demokraten um den Apotheker Gustav Mayer und auch der damalige Bärenwirt war ein aufrechter Demokrat. Das benachbarte Gebäude Ziegelgasse 2 stammt von 1744 und war ursprünglich ein Gerberhaus. Von den verschiedenen Fachwerkhäusern sei die schöne Häuserzeile beim Dörner'schen Spitzweghaus genannt.

TOUR 25 — Kraichgau

INFOS

Rad- und Wanderwegekarte Rund um den Steinsberg, 1 : 23 000, hrg. von der Stadt Sinsheim; Freizeitkarte F513 Mannheim Heidelberg, 1 : 50 000, Landesamt für Geoinformation und Landentwicklung Baden-Württemberg (LGL)

www.sinsheimer-erlebnisregion.de

S-Bahn

Sinsheim-Steinsfurt, Hermannsruhweg, Wanderparkplatz Dickwald beim Schützenhaus, GPS 49.242478, 8.912301

die Straße eine Rechtskurve, in der uns das Wanderzeichen nach links verweist. Nach einem Linksknick kommen wir zu einer Hecke und wandern nach rechts zwischen den Feldern weiter. Der Weg wird von alten Obstbäumen begleitet und wenn wir uns umdrehen, haben wir den in der Überschrift genannten Steinsbergblick auf diesen Berg und seine Burg.

Danach geht es kurz am Waldrand entlang bis zur links oben stehenden **Galluseckhütte** ❷. Wir biegen rechts ab und gehen hinab zur Straße. Auf ihrer anderen Seite wandern wir nun direkt links des Waldes auf einem Naturweg hinab. Nach einiger Zeit stoßen wir auf einen Asphaltweg, dem wir geradeaus weiter folgen. An einem **querenden Weg** ❸ biegen wir rechts ab, gehen an einem **Pumpwerk** vorbei und kommen zu einem querenden Sträßchen im Insenbachtal. Hier finden wir auch ein **Wanderschild** ❹.

Wir gehen geradeaus weiter, überqueren den Bach und wandern in Richtung »Steiniger Weg« weiter. Etwas später kommen wir in den Wald, wo wir gleich nach links verwiesen werden. Bald verlassen wir ihn wieder und gehen nach einer Links-Rechts-Kurve über eine Wiese zu einer **Kreuzung am Waldrand**.

Hier gehen wir im Steinigen Weg geradeaus in den Wald hinein. Nach einem Stück bergauf werden wir nach rechts in den Halbschlägelweg gewiesen ❺. Nach ein paar Minuten folgen wir dem nach links abgehenden S-Weg, der uns in weitem Bogen zu einem **Wanderparkplatz** ❻ am Waldrand führt. Wir gehen nach links zur Straße, folgen ihr etwa 250 m nach links und gehen dann nach rechts zum **Waldrand**.

Jetzt geht es in Rinaldoweg bergab in den Wald hinein. Bald sehen wir rechts eine kleine **Kneippanlage** ❼ mit einem Wassertretbecken und einem Trog für die Arme. Kurz danach verlassen wir den Wald und gehen entlang der Felder ein Stück zum nächsten Waldrand. Hier sehen wir ein Wanderschild, dahinter im Wald eine **Hütte** ❽.

Wir biegen links ab in Richtung »Wanderparkplatz Dickwald«. Nun steigt der Schindwasenweg etwas an. Der Weg mündet in den Jagdhausweg, dem wir nach rechts folgen. Etwas später biegen wir links ab in den Wolfslochweg. Schließlich erreichen wir bergabgehend die Schießanlage des Schützenvereins und unseren **Parkplatz** wieder.

Auch ein Weg durch die Felder bietet im Herbst schöne Farben.

Bildnachweis

Umschlag:	Vorderseite: @ crimson, Adobe Stock
	Rückseite: Dieter Buck
Abbildungen:	Dieter Buck (soweit nicht anders angegeben);
	Landratsamt Rhein-Neckar-Kreis:
	S. 8, 29, 46/47, 72/73, 79, 94, 98/99
	(Foto: Dorothea Burkhardt),
	S. 12, 132 (Foto: Beate Otto),
	S. 120, 151 (Foto: Tobias Schwerdt);
	Armin Jendrysik, NABU: S. 31
Kartengestaltung:	Stefan Krauss, post scriptum, Hüfingen

Titel:	WANDERN IM RHEIN-NECKAR-KREIS
Untertitel:	Die 25 schönsten Touren
Autor:	Dieter Buck
Herausgeber:	Landratsamt Rhein-Neckar-Kreis
	Stabsstelle Wirtschaftsförderung
	Kurfürstenanlage 38–40 · 69115 Heidelberg
	E-Mail: freizeit@rhein-neckar-kreis.de
	Telefon: + 49 6221 522 2199
Satz und Umschlag:	Daniela Waßmer, Andrea Sitzler vr

Alle Angaben ohne Gewähr.

ISBN 978-3-95505-281-2

Bibliografische Information der Deutschen Bibliothek:
Die Deutsche Bibliothek verzeichnet diese Publikation in der
Deutschen Nationalbibliografie; detaillierte Daten sind im Internet
über http://dnb.de abrufbar.

Diese Publikation ist entsprechend den Frankfurter Forderungen auf
alterungsbeständigem und säurefreiem Papier (TCF nach ISO 9706) gedruckt.

Alle Rechte vorbehalten.
© 2021 verlag regionalkultur

verlag regionalkultur
Ubstadt-Weiher · Heidelberg · Speyer · Stuttgart · Basel
Verlag Regionalkultur GmbH & Co. KG
Bahnhofstraße 2 · D-76698 Ubstadt-Weiher
Tel +49 7251 36703-0 · Fax +49 7251 36703-29
E-Mail kontakt@verlag-regionalkultur.de · www.verlag-regionalkultur.de